KB183844

소통과 공감의 도구

타로의 숲

소통과 공감의 도구

타로의 숲

타로 교과서 기초에서 배열까지

2

이도경 지음

좋은땅

머리말

여러분, 인간관계에서 서로 마음을 열고 소통을 잘하며 공감을 이끌어 내고 싶으신가요?

이번에 출간하게 되는 타로의 숲은 여러분이 그 길을 찾는 데 도움을 줄 것입니다. 우리는 삶 속에서 다양한 관계를 맺고 살아가고 생활하면서, 어떻게 하면 좀 더 서로를 이해하고 다채롭게 바라볼 수 있을지를 고민합니다. 이 책은 수많은 내담자의 상담사례를 바탕으로 여러분께서 가장 궁금해하시는 질문에 간결하고 명확하게 답변합니다. 타로가 심리에 미치는 영향을 통해 우리의 삶을 어떻게 반영할 수 있는지 탐구합니다.

마음속의 심리는 종종 자신조차도 알기 어려운 복잡한 영역입니다. 우리의 내면의 생각이 겉으로 드러나지 않을 때, 타로라는 도구는 그 숨겨진 마음을 드러내는 귀한 통로가 됩니다. 자신의 속마음을, 상담자와 내담자 간의 소통을 통해 서로 이해를 높이고 공감하며, 문제를 함께 해결해 나갈 기회를 제공합니다.

이 책을 통하여 인생의 모든 인간관계에 유익한 통찰을 얻으시기를 기대합니다.

혹시 TV 프로그램에서 MZ 세대가 타로를 가장 선호하는 성지로 꼽았다는 사실을 아셨나요? 이는 타로가 대화의 도구로서 대중의 큰 관심을 받고 있음을 의미합니다. 현대 사회에서 자동화기기 사용과 확산으로 대화의 의미가 변화하고, 삶의 진정한 의미를 찾기 위해 더욱 적극적으로 타로를 활용하고 있습니다.

이 책은 타로에 대한 의미를 실제적인 접근을 통해 타로를 이해하기 쉽고 재미있게 풀어 놓았습니다. 가깝게는 자녀, 가족, 이웃, 친구, 동료와 함께 마음을 나누는 소중한 도구로 활용하시길 바랍니다.

이 책을 통해 여러분은 자신의 심리와 타인의 심리를 더 깊이 이해하게 될 것입니다. 긴장과 스트레스를 덜고, 작은 행복을 느끼며 마음의 길잡이가 되기를 기대합니다.

이 책 타로의 숲 1권과 2권이 여러분의 모든 관계에서 즐겁고 풍성한 소통을 위한 도구로 자리 잡기를 희망합니다. 이 책이 여러분의 삶에 활력을 불어넣고 더욱더 보람찬 날들로 가득하기를 기원합니다.

응원해주시고 이 책을 선택해 주신 모든 분께 진심으로 감사드리며, 이 책이 당신의 인생에 든든한 힘이 되기를 바랍니다.

2024년. 10월. 이도경

차 례

2. 마이너 아르카나 카드, 테마별 심리

4. 상담과 배열

제2부(2권)

1.
메이저 아르카나 카드-테마별 심리

0번 바보

노란색 무늬(카발라 문양)의 아름다운 옷을 입은 남자가 보따리가 달린 지팡이를 둘러매고 어딘가로 떠나려는 모습으로 낭떠러지에 서 있고 개가 보호하려는 듯 곁에 있다.

일

- 일에 대한 의지와 열정은 강하다.
- 반복적인 일은 병적으로 싫어한다.
- 한곳에 정착은 못 하고 직장을 여러 곳으로 옮긴다.
- 획기적인 일, 창의력, 순발력 있는 일을 좋아한다.

금전

- 돈벌이를 하고 있는 것만으로 감사히 여겨야 한다.
- 아직은 별로 돈이 모아져 있지 않다.
- 있는 것 지키기도 힘이 든다.

직업

- 자영업, 프리랜서, 탐험가.
- 여행가, 관광 가이드, 예능 분야.

건강

- 위장 장애, 두통, 건망증.
- 다리, 특수 체질(자극적, 매운 음식 삼가야 한다).

연애

- 좋아하는 사람한테 집착하면서도 무책임하다.
- 구속받는 것을 싫어하며 자유연애를 즐긴다.
- 상상 속에 사랑하는 타입이 많다.
- 순진하고 맑은 사랑을 하고 싶으나 가벼워 보여 약간 어려울 수 있다.

어려운 카드가 함께 배열되면

- 주변 사람이나 아랫사람을 조심해야 한다.
- 서로 같이 위험이 있을 수 있다.
- 어떤 일을 할 때 더 이상 나아가지 말고 현상 유지를 하는 게 나을 수 있다.
- 현재의 생활 방식을 바꾸는 것이 나을 수 있다.

Ⅰ번 마법사

마법사가 흰색 옷과 빨간 옷을 입고 뱀 모양의 허리띠를 매고 한 손은 하늘과 한 손은 땅을 가리키고 서 있다. 머리에는 무한대의 표시가 있고 앞 탁자에는 우주 만물의 4대 원소가 놓여 있으며 장미, 백합의 꽃밭이 있다.

일

- 아직은 불안정한 상태이지만 잠재력이 있고 무한한 가능성이 있다.
- 상속이나 가업 승계를 받을 수 있다.
- 4대 원소가 갖추어져 있어 재주(손재주)가 많다.

금전

- 아직은 초기 단계가 별로 없다.
- 다재다능한 능력으로 점차 돈을 잘 만들어 간다.

직업

- 약사, 의사, 교사, 화가.
- 엔지니어, 메이크업아티스트, 요리사.
- 미용사, 세일즈: 말과 손으로 하는 것은 다 된다. 이과 문과 성향 고루 갖추어 있다.

건강

- 두통, 비염, 정신 산만.
- 호흡기, 유전병.

- 삼백초, 솔잎차, 연근즙이나 느릅나무 차가 좋다.

연애

- 인기가 많다 보니 바람기가 있으며 바람둥이다.
- 연민의 정을 자극하며 연상에게 인기가 많다.
- 막내가 많고 귀염성이 있다.
- 재주가 뛰어나고 유머가 있어 가까이하고 싶어 하는 사람이 많은 편이다.

어려운 카드가 함께 배열되면

- 사기를 조심해야 한다.
- 누군가 고자질하거나 은밀하게 폭로를 한다.
- 추적하면 증거가 나오며 꼬리가 잡힐 수도 있다.

II번 고위여사제

차분해 보이는 여사제가 B와 J의 두 기둥 사이에 앉아 있으며 발밑에는 초승달, 머리 위에는 보름달이 있다. 뒤의 배경에는 석류 모양이 그려져 있고 가슴에는 십자가가 손에는 TORA라는 율법집을 들고 있다.

일

- 새로운 기술과 학문 습득을 좋아한다.
- 책임과 의무가 강해서 배운 것으로 일을 하는 사람이다.

금전

- 돈에 집착은 하지만 별로 없다.
- 잠재적 가능성은 보통이다.
- 경제적, 재물하고는 상관이 없는 편이다.

직업

- 전문직, 교수, 교사, 역술인(종교 분야).
- 간호사, 조교, 상담직.

건강

- 허리, 신장, 자궁, 관절(다시마, 당귀, 홍화, 허브차 좋음).
- 신경성 위염, 두통, 우울증, 불면증.

연애

- 보수적, 내성적이라 속마음을 잘 표현 못 한다.

- 헌신적인 사랑을 하고 바람기가 없다.
- 비밀이 많은 편이고 정신적인 사랑이 먼저다.
- 상대방을 사귈 때 눈에 차지 않는다.
- 명예를 중요시하며 선악을 중요시하고 결벽증이 있다.
- 고고하고 지적이며 아름다운 여성이다.
- 신비스럽고 이중적일 때도 있어 숨겨진 여인으로 등장할 수도 있다.

어려운 카드가 함께 배열되면

- 자신이 한 일이 부메랑이 되어 돌아올 수 있다.
- 어떤 일을 할 때 반만 믿어야 한다.
- 보는 눈들이 많으니 조심해야 한다.
- 자신의 힘을 악용하여 음모를 꾸밀 수도 있고 강박적인 행동을 한다.
- 악의적인 힘을 과소평가해서는 안 된다.

Ⅲ번 여황제

풍요로운 자연환경에서 포근해 보이는 소파에 풍성한 옷을 입고 머리에는 12개의 별이 달린 왕관과 봉을 들고 있으며 앞에는 무르익은 곡식이 보인다.

일

- 자신이 맡은 바를 열심히 한다.
- 일 잘한다는 소리를 듣고 일복도 많다.
- 끈기는 있으나 자존심 강하고 고집이 세서 하기 싫은 일은 안 한다.
- 모든 일에서 늘 남을 의식한다.

금전

- 욕심 많고 능력 있는 사람이라 돈이 따른다.
- 풍요로우며 복부인, 귀티 나는 미인이라 불린다.
- 금전적으로 장남, 장녀 역할을 하기도 한다.
- ↔ 간혹 빚(어려운 카드와 나올 때는 분에 넘치는 사치와 낭비가 있을 수 있다).

직업

- 작가, 기자, 사회운동가, 평론가.
- 교사, 간호사, 화려하고 미적인 일.
- 회사 간부 ↔ 사업은 불리.

건강

- 갑상선, 기관지(해조류, 도라지, 배즙 좋다).
- 화병(울, 성질), 임신 조심(원치 않을 시).
- 자궁, 생리통, 중풍, 마비.

연애

- 자존심이 강해서 질투도 심하고 소유욕도 강하다.
- 스스로를 힘들게 하며 고집이 있다.
- 소심하고 소극적이나 연애를 시작하면 개방적이다.
- 남자는 섬세하면서 소심하다.
- 사랑에 관심이 많으나 상대를 좋아해도 불만족할 때도 있다.
- 연애에서 결과가 좋지 않을 때는 이별 수가 있거나 파혼하고 유산 가능성이 있을 수 있다.

여황제 카드는

- 생활면에서 웰빙에 관심이 많고 귀농을 하더라도 풍요로운 삶을 살아가는 사람이다.
- 공주병이 아주 심하며 자식 욕심도 많다.

IV번 황제

대리석으로 만든 딱딱한 무거운 의자에 빨간색의 옷을 입고 앉아 있다. 의자에는 양의 머리가 있고 절대 권력의 왕관과 검과 황제가 신은 갑옷과 같은 신발은 권력과 카리스마가 있다.

일

- 맡은 바 열심히 일하며 책임감이 강하고 목표가 뚜렷하다.
- 열정적이라서 능력을 발휘한다.
- 리더십이 있고 오너 격이 있다.

금전

- 금전운이 좋고 능력이 많아 재물이 따라온다.
- 재물은 매우 튼튼하고 견고하다.
- 엄청난 권력과 재산은 다른 사람이 넘볼 수 없다.
- 관리를 잘해야 한다. 잘못하면 폼생폼사.
- 부동산으로 돈이 되니 부동산을 가지는 게 낫다.

직업

- 정치인 많다, 외교관, 고위 공무원.
- 국가고시 준비생, 건축가, 무역상.
- 부동산업, 학원사업(스케일이 크다).

건강

- 지방간, 심근경색, 협심증(혈액 순환).
- 뇌, 중풍, 발 조심.

연애

- 보수적이며 권위주의적이고 완고하다.
- 자기가 사랑하는 사람에 대한 인내심과 책임감은 있다.
- 자기중심적인 사랑에 빠질 수도 있다.
- 여성의 경우 중성적이고 강하다.
- 집착하고 간섭도 많이 한다.
- 스트레스가 많으나 바람기는 없다.
- 공공장소 연애를 한다.
- 순간 화로 물거품이 될 수 있으니 사랑하는 사람한테 잘해 주고 배려해야 한다.
- 주위에 여자가 많을 수 있고 여자를 거느릴 수도 있다.

어려운 카드가 함께 배열되면

- 능력은 좋으나 주변에 마음을 나눌 친구가 없다.
- 주변에 듣는 귀, 보는 눈을 조심해야 한다.
- 결정하기 힘든 일이 있을 때 많이 나온다.

☾ V번 교황

제우스 신의 정신적 지배력이 있는 최고 권력자이며 태양을 나타내는 빨간색 옷에 십자가가 그려진 옷을 입고 있다.
두 기둥 사이에 앉아 있으며 앞에 두 복사가 있고 두 복사 사이에 열쇠가 놓여 있다.

일

- 남들 보기에는 좋아 보여도 자신이 생각하기에는 그렇지 않다.
- 제3자 역할을 하거나 주선자, 중재자 역할을 한다.
- 일적으로 이 카드가 나오면 존경하는 분께 조언을 구해 보세요(멘토 역할을 한다).
- 어려운 카드와 함께 나오면 괴로운 조언자이거나 잔소리꾼이다.

금전

- 겉으로는 있어 보여도 별로 없다.
- 허울만 좋을 수도 있다.
- 종교적인 사업은 괜찮으며 재물은 일반적으로 좋다.

직업

- 종교인, 자문위원, 감독, 코치.
- 교육, 교사. 덕망 높은 인사.
- 상담직, 커플매니저.

건강

- 흉부, 심장, 혈압, 지병, 어릴 적 다친 경험.

연애

- 보수적이고 고지식하여 애매모호하고 중개인 역할만 할 수도 있다.
- 남만 챙기고 자신을 못 챙길 수 있다.
- 자신의 여자는 뒷전이고 자기중심적이다.
- 비밀스러울 수 있다. → 주변 카드를 잘 보아야 한다.
- 말로는 청산유수다(바른말을 잘한다).
- 종교적이고 정신적인 사랑은 매우 좋다.
- 연애운에서 이 카드 나오면 권태기이거나 스킨십에 문제가 있을 때 등장하기도 한다.

어려운 카드가 함께 배열되면

- 이중 계약을 할 수 있다.
- 소송으로 갈 수 있으니 타협하는 게 낫다.
- 남의 말을 잘 끊는다.
- 도움을 요청하지 않을 때는 신중해야 한다.

VI번 연인들

태초의 에덴동산을 연상하게 하는 연인 카드는 두 남녀가 옷을 입지 않고 있으며 라파엘 천사가 두 사람에게 축복을 내려 주는 모습이다.

일

- 새로운 변화, 취업이나 이직할 때 나온다.
- 도와주는 이(귀인)가 나타난다.
- 사업은 동업도 괜찮다.
- 남을 돌보는 중간자 역할을 한다.

금전

- 주변에 도와주는 사람들로 인하여 인생이 햇살처럼 밝아진다.
- 재물은 넉넉하고 화려하게 산다.
- 어려운 카드 함께 나오면 씀씀이가 있다(지름신이 발동한다).

직업

- 예체능, 방송인, 쇼호스트.
- 통역(외국 관련), 교사, 사회복지사, 예술가.

건강

- 심장, 변비(장), 정맥계통(다리), 혈액 순환, 담배.

연애

- 서로에게 끌리는 힘이 강하다.
- 둘이 이 카드가 나오면 feel이 꽂혔다.
- 관계가 깊은 사랑이며 너무 좋은 대상이다.
- 한 번 빠지면 집착한다(강한 리더십에 끌려간다).
- 소개받을 가능성이 크다.
- 속궁합 잘 맞아 임신 조심해야 한다.
- 연애에서 피해야 할 상황의 카드가 함께 나오면: 믿었던 사람이 배신하거나 불륜이나 파혼이 있을 수 있다. 또 낙태 가능성이 있다.

어려운 카드가 함께 배열되면

- 유혹을 조심해야 한다. 삼각관계가 될 수 있다.
- 결국 탄로 나서 스스로 양심의 가책을 느낀다.

Ⅶ번 전차

전차가 전투의 신 아레스에 의해 달리고 있으며 두 마리의 스핑크스 안내를 받아 앞세우고 함께 가고 있다.

일

- 하고자 하는 일이 잘 되어 목표를 달성한다.
- 희망이 있다.
- 도전적이고 성취욕이 강해서 목표를 이룬다.
- 명예와 자존심 지키기 원하니 최선을 다하는 사람이다.

금전

- 일이 잘 풀려서 머지않아 돈이 많아진다.
- 어려운 카드와 함께 나오면 예기치 않은 변수 있을 수도 있다.
- 금전의 보유에 맞게 운영이 되는지 살펴보아야 한다.

직업

- 군인, 경찰, 경호원.
- (영업) 사업가, 여행사, 항공사 승무원 등.
- 항공, 배, 운전, 자동차, 움직이는 것, 이사, 매매업.

건강

- 스트레스, 근육계통(무리한 운동, 무거운 짐 조심).
- 사고 수, 통원 치료, 구급차가 올 수 있다.

연애

- 잘생긴 남자, 활동적인 남자를 만난다.
- 애정에 있어서 진도가 빠르다.
- 시작하려는 커플은 더 좋아지려고 한다.
- 변화가 있는 사랑을 원한다.
- 오래된 커플은 떠나려는 마음이 있다.
- 애정에 있어서 이해심이 부족하니 늘 말조심을 해야 한다.
- 잘생긴 남자들은 바람기가 있을 수 있다.

어려운 카드가 함께 배열되면

- 한 가지 일에 몰두하지 못하고 두 가지 일을 한다.
- 생각이 동상이몽이 될 수 있다.
- 마찰을 일으킬 수 있으니, 잘 제어해야 한다.
- 일로 인한 직업 갈등이 있다.
- 강제로, 억지로 나간다.

Ⅷ번 힘

무한한 지혜가 가득한 여성이 사자를 잘 길들이고 있는 모습이다. 여성과 사자 사이에는 장미 넝쿨로 연결되어 있고, 여성의 머리 위에 능력이 넘치는 무한대의 표시가 있다.

일

- 뜻을 꼭 이루는 사람으로 정신 무장이 잘되어 있다.
- 하기 싫어도 열심히 노력하는 사람이다.
- 체력, 열정이 넘치고 자신감이 가득하다.
- 두렵지만 새로운 도전을 하는 사람이다.
- 인내심과 지혜로 잘 이겨 내는 사람이다.
- 어려운 카드와 함께 나오면 자신감을 상실하여 인내가 부족하다.

금전

- 자신의 노력으로 돈은 있다.
- 벅찬 양의 재물을 잘 관리해야 한다.
- 스트레스를 받을 수 있으니 시간을 천천히 투자해야 한다.

직업

- 수의사, 치과 의사, 검사, 수사관.

- 조련사, 군인, 경찰, 운동선수, 트레이너.
- 체육 교사, 체육관, 헤어 디자이너.

건강

- 디스크, 근육계통, 두통.
- 관절(손목, 어깨, 허리, 무릎), 치아.

연애

- 진정한 사랑을 하나 소유욕이 강하다.
- 연애에서 주도권을 잡으려고 한다.
- 헤어지는 것을 힘들어하고 헤어진 연인을 쉽게 잊지 못한다.
- 연하를 만나야 좋다.
- 너무 힘든 사랑을 하지 말고 잘 참아야 한다.
- 궁합 : 상대에게 만족 못 할 수도 있다.
- 연애에서 결과가 좋지 않으면 불륜이 발각될 수 있다.

어려운 카드가 함께 배열되면

- 가식이 많고 간 보기를 잘한다.
- 조심스럽게 접근하며 기 싸움을 할 수 있다.
- 힘이 잘못 사용되었거나 실패를 인정하고 단념해야 한다.

IX번 은둔자

성직자 같은 모습의 노인이 한 손에 등불을 들고 지팡이에 의지해 설산 위에 서 있다.
긴 수염은 경험적인 연륜을 나타내는 모습이다.

일

- 성실하게 일하고 있으나 융통성은 없다.
- 일적으로 세속을 초월하며 자기 성숙의 계기가 된다.
- 좋은 카드로 연결될 때는 등불이 될 수 있는 사람이 도와주면 일이 잘 풀리고 괜찮다.
- 사업을 할 때 이 카드가 나오면 아직 시기와 때가 아니다.
- 일에서 어려운 카드와 함께 나오면 세상과 주변에 대한 불만이 많다.
- 조언자를 찾아야 한다.

금전

- 별로 많지 않으나 꾸준히 쌓아 간다.
- 다른 사람 위해서는 쓰는 성격이다.
- 현금보다는 실물에 투자하는 게 낫다.

직업

- 의사, 약사, 한의사, 교사.

- 사회복지, 간호사, 연구직, 역학.
- 유통, 마케팅은 조금 덜 맞다.
- 등불이 될 수 있는 직업.

건강

- 시력, 천식, 기관지.
- 무릎 관절, 뼈, 면역력, 다리 이상, 칼슘 부족.
- 아팠을 때 돌아가셨을 때도 나온다.
- 위생 관념이 약할 수 있다.

연애

- 정신적 사랑보다는 오랜 만남을 가져야 한다.
- 좋아하는 사람한테 집착하고 소유욕이 강하다.
- 물러나 있어야 한다.
- 돌아서면 차갑다.
- 되돌아 왔어도 힘들고 슬프다.
- 상대의 인정을 바란다.
- 좋은 카드하고 연결이 되면 서로에게 등불이 될 수 있고 궁합도 좋다.
- 연애에서 어려운 카드와 함께 나오면 예를 들어 컵 Ⅴ번, 컵 Ⅷ번 나왔다면 이미 돌아섰다. 현재 사귀고 있다면 끝이 보인다.

어려운 카드가 함께 배열되면

- 멀리 보지 못한다.

- 사별로 인하여 비탄에 젖어 있다.
- 가까운 사람이나 아랫사람을 조심하라.

Ⅹ번 운명의 수레바퀴

가운데는 운명의 수레바퀴가 있고 네 귀퉁이 구름 속에는 책을 들고 있는 수호신 地, 水, 火, 風이 함께 있다. 수레바퀴 안에 TARO 글자가 보이고 스핑크스, 그리핀, 뱀이 바퀴 주위에 있다.

일

- 이 카드가 나오면 직장에서 승진·이직·취업 기회 등 변화가 있을 것이다.
- 어떤 전환점을 맞이할 수도 있다.
- 사업 카드에서는 점점 나아진다.
- 뿌린 대로 거둔다. → 반복되는 일상이 안정적이다.
- 정상에 올라갈 수도 있고 떨어질 수도 있다.
- 어려운 카드와 함께 나오면 기회가 상실되며 일상이 지루해서 변화를 갈망한다.

금전

- 수레바퀴가 돌아가듯이 돈이 굴러들어올 것이며 점점 나아진다.
- 업그레이드된 삶이다(안정이 되어 있다).

직업

- 영상 분야, 영화, 광고, 여행사.
- 생명공학, 항공사, 자동차 관련.

- 교사, 외국계 회사, 영업.

건강

- 순환계, 호흡기, 혈액 순환.
- 신경 불안, 두통, 허리, 심장 수술(어려운 카드 함께 나오면).

연애

- 시작한 지 얼마 안 된 연인은 운명적인 사랑이다.
- 악연, 필연 우연도 다 운명이다.
- 오래된 연인은 마음이 하강기가 되고 정체가 되는 상태라서 사랑이 움직일 수 있다(주변 카드 잘 보아야).
- 전환점을 맞이할 수도 있다.
- 오래된 연인은 만남과 헤어짐을 반복할 수도 있다.

어려운 카드가 함께 배열되면

- 늘 행운만을 나타내지는 않는다.
- 항상 변심을 조심해야 한다.

XI 번 정의

여신 디케가 공정함을 나타내는 저울과 다른 손에는 검을 들고 흰색의 두 기둥 사이에 앉아 있으며 권위와 힘을 나타내는 빨간색 옷을 입고 왕관을 쓰고 있다.

일

- 옳고 그름을 정확히 하며 사려가 깊고 신중히 일한다.
- 늘 대가를 받고 산다.
- 맺고 끊음이 정확하다.
- 일에서 어려운 카드와 함께 나오면 독선적이고 강압적이며 편협하다.

금전

- 열심히 노력하는 사람이라 돈을 따른다.
- 균형을 잘 잡아야 한다.
- 판단력과 냉철함으로 관리해야 한다.

직업

- 법조인, 공무원(중재 업무).
- 중개인, 분석가, 동향 분석.
- 이과 성향(법률·금융·세무·회계 등).

건강

- 신장, 자궁, 폐, 허리, 비만, 당뇨, 시력.

- 이 카드 나오면 지금 건강을 지켜야 한다.

연애

- 소심하고 소극적이라서 좋아하는 이에게 애정 표현을 못 하고 우유부단하다.
- 애정적으로 따지기 좋아하고 빈틈이 없다.
- 뭔가 결정을 내려야 할 상황에서는 직감대로 결정을 내려야 한다.
- 기준이 높아서 따지고 까다로운 편이다.
- 이 카드의 사람과 사귀려면 머리도 좋아야 하고 현실적이고 판단력이 좋아야 한다.
- 좀 피곤한 스타일이긴 하다.

어려운 카드가 함께 배열되면

- 쉽게 결정이 나지 않는다.
- 오래 끌수록 서로 손해 볼 수 있다.
- 언제든지 상황이 뒤집힐 수 있다.
- 금전에서 귀가 얇고 우유부단하여 투자 등에서 흔들릴 수 있다.

XII번 거꾸로 매달린 남자

거꾸로 매달린 남자는 생명의 나무에 매달려 있으며 머리는 후광으로 빛이 나고 빨간 타이즈를 입고 아주 편안한 자세로 매달려 있다.

일

- 이 카드가 나올 때는 할까 말까 그만 두고 싶지만 갈등만 하고 있는 상황이다.
- 희생한 만큼 대가는 온다.
- 사업이나 일을 추진할 때는 천천히 확고하게 해야 한다.
- 헌신해야 한다.
- 사업적으로는 몹시 힘들고 안 될 수도 있다.

금전

- 아직 별로 없다.
- 돈을 빌려주면 묶여 버릴 수 있고 묶인 돈이 있을 수 있다.
- 주머니에 있는 돈 모두 털린다. 조심해야 한다.

직업

- 심리학자. 연구가, 정신과 전문의.
- 마니아, 서비스업(희생정신 필요).
- 사회봉사자, 행위예술가.

건강

- 요도, 신장, 현기증, 발목 주의.
- 알콜, 약물, 도박 중독.

연애

- 연상의 연인이거나 독신주의자일 때 많이 나온다.
- 서로 연연하여 쉽게 헤어지지 못한다.
- 지금 만나고 있는 사람과 인연이 가장 깊다.
- 몹시 안 좋은 상황이고 새로운 연애를 기다린다면 인내가 필요하다.
- 못 잊었거나 아직 정리가 안 되었거나 할 때 많이 나온다.
- 내 마음에 드는 상대가 아니다.
- 여자가 따른다.
- 임신, 불륜 시 희생이 치러져야 한다.
- 뭔가 발목이 잡혀 있을 때 나오기도 한다.

어려운 카드가 함께 배열되면

- 먹은 만큼 토해 낼 것이다.
- 아주 뻔뻔한 남자다.
- 어떤 것이든 올바르지 않게 생각하고 뒤집어 생각한다.

XIII번 죽음

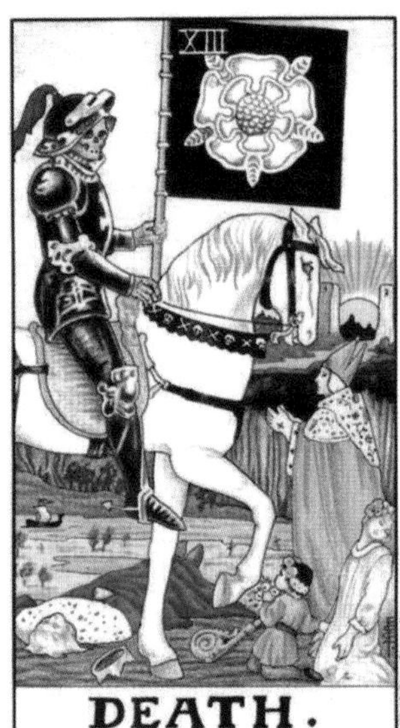

죽음, 시간의 신 크로노스에 의해 장미 문양의 깃발을 들고 기사가 나타나 왕은 왕관이 벗겨져 있고 여왕은 외면하고 교황은 설득하며 아이는 뭔지 모르지만 꽃을 들고 있다.
강 건너에 태양이 떠오르고 녹색의 땅이 보인다.

일

- 좋은 카드로 연결이 되면 새로운 시작이고 희망적이다.
- 구사일생, 빨리 끝내고 어렵지만 새롭게 시작해야 한다.
- 사업은 시작했다면 희망적이고 시작하지 않았다면 완벽하게 천천히 시작해야 한다.

금전

- 돈 때문에 손실이 있었거나 그런 상황이었을 수 있다.
- 수입보다 지출이 더 많아 재산이 없다.
- ↔ 점점 더 나아져서 나중에 많을 것이다.
- ↔ 기사회생한다.

직업

- 다른 사람을 도와주는 일(등불이 되는).
- 의사, 약사, 한의사, 교사.
- 사회복지사, 간호사, 장의사.

- 금속 관련(만들어 내는 일).

건강

- 우울증, 원기 약화, 뼈, 무릎, 칼슘 부족.
- 어려운 카드와 함께 나오면 아주 위험, 치명적, 시한부 판정을 받을 수 있다.
- 좋은 카드와 함께 나오면 회복 상황일 수도 있다.

연애

- 헤어졌거나, 정리되어 아픔이 있는 연인에게서 나온다.
- 잦은 이별, 얼른 못 헤어진다.
- 쉽게 사랑에 빠지지 않으며 완벽한 사랑을 추구한다.
- 상대의 단점을 하나씩 짚어 주고 고쳐 주고 발전시켜 준다.
- 화해하거나 연인이 바뀌질 때도 나온다.

어려운 카드가 함께 배열되면

- 모든 것을 허무하게 다 잃어버릴 수 있는 상황이다.
- 적은 윗사람이다.
- 사이비 종교 또는 무속에 빠졌을 때이다.
- 출근길 사고를 조심해야 한다.
- 일에서 폐업할 수 있다. 개업은 생각도 하지 말아야 한다.

XIV번 절제

미카엘 천사가 컵 두 개를 가지고 옮기면서 조율하고 있으며 한쪽 발은 물 안에 있고 또 한쪽 발은 물 밖에 있다.
이마 한가운데 태양이 빛나고 있고 옆에는 노란 꽃이 피어 있다.

일

- 늘 대가를 받고 살며 조화로움을 유지한다.
- 교류하며 협력하고 균형 감각이 뛰어나다.
- 외국하고 관련이 깊으며 장기 출장 시 많이 나온다.

금전

- 열심히 노력하는 사람이라 돈은 항상 따라온다.
- 재물을 잘 관리한다.
- 어려운 카드와 함께 나오면 과소비·과절약이 될 수도 있다.

직업

- 스튜어디스, 패션디자이너.
- 외국 관련 회사, 외한 딜러(금융).
- 바리스타, 감별사, 단기 체류(외국).

건강

- 방광, 허리, 수족냉증, 혈압(저혈압 조심).

연애

- 속으로만 생각하지 말고 마음을 열어 놓아야 한다.
- 힘들어도 내색하지 않는다.
- 정신적인 교류를 중요시한다.
- 감정 조절을 잘하고 서로 잘 절충하여야 한다.
- 해외나 먼 곳에서 연인을 만날 수 있다(외국 사람도 가능, 멀리 떨어져 있을 수도 있다).
- 사랑을 우아하게 주고받는다.
- 어려운 카드와 함께 나오면 변심, 우유부단, 양다리, 대화 불능일 수도 있다.
- 연애에서도 이 카드 나오면 조율을 잘하고 생각은 섬세하고 지혜롭다.

어려운 카드가 함께 배열되면

- 기회주의자일 수도 있다.
- 비워야 채워지는데 비워 내지를 못한다.
- 관계를 아주 쉽게 끊어낸다.
- 변심이 많고 우유부단하다.
- 양다리이며 대화가 잘되지 않을 수 있다.

XV번 악마

염소 머리에 뿔이 나 있고, 날개가 있으며 악마의 본성이 들어 있는 무서운 얼굴을 하고 횃불을 들고 있다. 머리 위 오각형 별과 다섯 손가락의 5는 악마를 의미하며 쇠사슬에 묶인 두 남녀는 서로 집착하는 모습이다.

일

- 악마 카드가 나오면 괴롭고 짜증 나는 상태지만 돈 때문에 그만두지를 못한다.
- 어쩔 수 없이 묶여 있다.
- 좋은 카드와 연결이 되면 벗어남. 악연을 끊다.

금전

- 잘 참고 견디면 미래에는 신용과 명예를 겸비할 것이다.
- 좋은 카드와 함께 나오면 부동산 투자나 횡재수 있을 수 있다.

직업

- 서비스업, 본능을 만족시키는 직업(유흥업, 사채업, 복권방).
- PC방, 상담 등.
- 사행성, 밤에 하는 일 등.

건강

- 정서 불안, 불면증(아로마 요법 필요).
- 중독(알콜, 담배, 성병 조심).

연애

- 중독된 사랑을 하고 싶어 한다.
- 이 카드 나오면 스킨십을 매우 좋아하며 집착한다.
- 임신, 결혼이 강하다(좋은 카드 함께 나오면).
- 질투, 집착하면서도 다른 사람을 만난다.
- 애정을 수시로 확인하는 버릇이 있다.
- 어떤 일에 순간 집중으로 상대에게 소홀하기도 한다.

어려운 카드가 함께 배열되면

- 잠자리가 아주 불편하고 늘 감시당하고 있다.
- 윗사람이나 상사를 조심해야 한다.
- 괴롭힘을 당하고 파면시킬 수 있는 상황을 경고한다.

XVI번 탑

탑 위에 번개가 치고 불이 나면서 탑이 무너져 내리고 있으며 두 남녀가 거꾸로 내려오고 있다. 벼락을 조정하는 제우스 신에 의해 분노가 표출되고 있다

일

- 일을 그만두었거나 사업이 안 되고 그렇게 될 수 있으니 조심해야 한다.
- 직업이 바뀌질 수도 있다.
- 갑작스런 놀랄 일이 생길 수도 있다.
- 좋은 카드와 함께 나오면 대기 발령이거나 솟아날 구멍이 있을 수도 있다.
- 사업을 한다면 이벤트를 하거나 인테리어라도 바꿔 보는 게 나을 수 있다.

금전

- 돈 때문에 마음고생을 했거나 하고 있거나 그럴 수 있으니 조심해야 한다.
- 금전 거래를 항상 조심하고 관재를 조심해야 한다.
- 돈이 갑자기 떨어져 수중에 돈이 없거나 주식이 깡통으로 될 때도 이 카드가 나온다.

직업

- 성형, 정형외과, 게임산업(컴퓨터).
- 군사과학, 우주 항공, 군인, 경찰, 경호원.

- 운동선수, 유흥업, 서비스직.
- 손재주가 뛰어나 만드는 것, 전기계통.

건강

- 기관지, 편도, 항문 질환.
- 관절, 뼈 골절, 음주, 운전 사고 조심.

연애

- 현재 불안한 마음이다(흔들린다).
- 헤어질 수 있으니 말과 행동을 조심해야 한다.
- 마음을 심하게 다쳤거나 헤어졌거나 할 때 나온다.
- 이별, 이혼 시.
- 장거리 연인이면 액땜하고 넘어갈 수 있다.
- 좋은 카드와 함께 나오면 새 출발, 희망이 있다.

어려운 카드가 함께 배열되면

- 이성 문제가 생기거나 결국은 들통난다.
- 원만하게 풀리지 않고 충격을 주는 소식이다.
- 예측할 수 없는 일이 있었고 일어나고 있고 일어날 수도 있다는 것이다.

XVII번 별

여덟 개의 별, 행성이 있고 아름다운 여인이 물 항아리로 물을 쏟고 있으며 넉넉한 물과 푸른 땅이 보인다.

일

- 아직까지는 별로 이루어진 게 없을 수 있다.
- 이상이 큰 사람이라 별처럼 빛나는 사람이 될 것이다.
- 사업은 화려하게 잘된다.
- 주목받고 싶은 마음이 강하다.

금전

- 처음은 돈이 샌다.
- 곧 밤하늘의 별처럼 들어온다.
- 많이 벌고 많이 쓴다.

직업

- 예술가(미적인 일).
- 연예인. 헤어 디자이너.
- 보석디자이너. 조경 등 보여지는 직업.
- 환경사.

건강

- 부인병, 수족냉증, 갑상선, 밤눈 어두움.

연애

- 과거에서부터 주위에서 알고 지내온 사람과 연인이 될 수 있다.
- 이상주의자여서 바라는 게 많다.
- 지적인 사랑을 하며 밤하늘의 별처럼 빛나는 사랑을 한다.
- 진도가 빠르며 자신의 모든 것을 쏟는다.
- 재회할 때 나오기도 하며 애정과 사랑이 앞으로 좋아진다.
- 남자 카드로 나오면 지적이고 여자를 다룰 줄 안다.
- 여자 카드로 나오면서 어려운 카드와 나오면 끼 있고 헤프다.
- 스킨십도 잘되고 아름다운 커플이거나 아름다운 상대이다.

어려운 카드가 함께 배열되면

- 지금 의지하는 사람이나 장소가 힘이 없다.
- 목욕탕, 사우나 같은 곳에서 사고를 조심해야 한다.
- 금전에서 돈은 잘 보이지 않고 나가는 상태이다.
- 주변 상황과 환경이 서로를 힘들게 할 수 있다. → 집안 반대 등.

XVIII번 달

보름달, 초승달, 하현달이 함께 떠 있고 달 안에는 여성의 얼굴이 보인다. 물속에서 전갈 모양의 가재가 끝이 없는 길 위로 나오고 있는 모습이다. 달 아래는 두 개의 건축물과 늑대와 개가 달을 보면서 있다.

일

- 항상 그만두고 싶고 자신이 생각한 미래가 불확실하다고 생각한다.
- 기로에 놓여 있을 때 많이 나온다.
- 빛 좋은 개살구다.
- 딜레마에 빠져 있을 때는 결정을 내려야 한다.
- 어정쩡한 두 가지 사업체를 하면서 고민할 때 나온다.
- 구설이 많을 때도 꼭 나오는 카드이다.
- 좋은 카드와 함께 나오면 새 출발일 수도 있고 반성의 계기가 될 수 있다.

금전

- 대체로 돈이 묶여 있다.
- 현재 융통이 잘되지 않는다.
- 원활하지 않고 흐름이 막혀 있다.

직업

- 건축물 관련 직업, 물과 관련 있는 직업, 음성 직업.
- 밤늦게까지 하는 일, 천문 관련 일, 수사관 등.

건강

- 우울증, 위장장애, 수족냉증, 스트레스성 질병, 神병(신내림).
- 폭음, 폭식, 의심병.

연애

- 양다리, 이중성, 양면성 갈등하는 연애일 때 많이 나온다.
- 불륜, 삼각관계에 많이 등장하는 카드이다.
- 밝히는 사람이며 스킨십을 좋아한다.
- 끼가 있는 사람이며 임자 있는 사람을 소개로 만날 때도 나온다.
- 상대의 마음을 믿지 못하고 새로운 연애의 시작은 어렵다.
- 남자라도 생각이 너무 많고 어두우며 여성성 많은 편이다.

어려운 카드가 함께 배열되면

- 머뭇거리다가 위험에 처하며 긴 시간 고민이 필요하다.
- 서로 상대를 못 믿으며 망상 속에 있다.
- 삼각관계에 있으며 간사하고 교활하다.

XIX번 태양

완성체의 태양이 빛나고 있고 백마를 탄 어린아이가 해맑은 모습으로 앉아 있다.
아이의 머리 위에 해바라기가 피어 있으며 붉은 휘장이 아이를 감싸고 있다.

일

- 도와주는 친구나 동료가 있다.
- 사업도 번창하여 윗사람의 보호나 도움이 있다.
- 성공이 눈앞에 있고 성공운이 있다.
- 사업은 번창해질 수 있다.

금전

- 주변에 도와주는 사람으로 인해 금전운이 좋다.
- 미래에도 인생이 햇살처럼 빛이 난다.
- 자신에게 알맞은 것을 가지면 모든 것이 잘 이루어진다.

직업

- 유아 관련, 유아교육, 유아 관련 출판업.
- 활발하고 활달하게 움직여지는 것(운동 관련).
- 영업, 헬스클럽, 운동선수.
- 자선단체, 후원, 유학 나갈 때 많이 나옴.
- 사업: 미래성 좋다.

건강

- 눈, 피부 질환, 비타민 부족할 때도 나옴.
- 일사병, 신장, 심장.

연애

- 친구처럼 편안한 친구 같은 커플이다.
- 대개 오래 사귀며 결혼 운이 있다.
- 나이가 먹어도 젊은 부부처럼 살 수 있는 커플.
- 소개팅, 새로운 연애 시작일 때도 많이 나온다.
- 연하의 남자를 사귈 때 나오기도 한다.

어려운 카드가 함께 배열되면

- 도움을 저버린다.
- 남에게 의지를 많이 한다.
- 과잉보호로 만족이 되지 않는다.
- 겉모습은 좋아 보이지만 속은 아직 어설플 수 있다.
- 안전사고를 조심해야 한다.
- 혼자 독점해서는 안 된다.
- 연애에서 사랑받지 못하거나 위축이 되어 우울해지기도 한다.

XX번 심판

가브리엘 천사가 나팔을 불고 있으며 많은 사람이 관에서 부활하는 모습이다.
최후의 심판, 결단의 날에 다가온 듯하다.

일

- 어떤 변화에 대한 준비나 결정을 해야 할 때 많이 나온다.
- 어떤 전환점을 맞이한다.
- 간절한 소식을 기다릴 때(승리)도 나온다.
- 어려운 카드와 함께 나오면 일에서 실망하거나 패배한다. 시험, 승진 문제에서는 불합격이다.
- 좋은 카드와 함께 나오면 좋은 소식이 있고 부활한다. 승진되거나 합격할 수 있다.

금전

- 재물은 보통이긴 하나 성실하고 진실되게 살면 좋은 편이다.

직업

- 마이크와 관련된 일.
- 아나운서, 성우, 음반 프로듀서, 교사, 상담직, 고고학자, 정보통신.

건강

- 귀, 입술, 혀, 코 등 이비인후과 계통, 폐, 기관지, 수족냉증.
- 좋은 카드와 함께 나오면 질병의 희소식.
- 어려운 카드와 함께 나오면 수술 가능성(생사 문제).

연애

- 대개 삼각관계인데 오래가지 않는다(좋아하는 사람이 차지한다). 상사병이거나 이별이며 끝날 수 있다.
- 자기를 표현하지 않으나 포근한 스타일이 많다.
- 옛 애인과 재회 시에도 나온다.
- 주변 카드를 보고 접을 때는 접고 사귈 때는 각오를 가지고 사귀어야 한다.
- 새로운 연애 시작일 때는 좋은 인연을 만난다.

어려운 카드가 함께 배열되면

- 누명이 벗겨지지 않고 구속에서 풀려나지 못한다.
- 말이 좋아서 허풍쟁이일 수 있다.
- 목적지에 도착 못 하고 미완성일 수 있다.

XXI 번 세계

매듭지어진 큰 월계관 밖 사방에는 사계절을 의미하는 천사, 독수리, 황소, 사자가 있고 원 안에 보라색 천을 휘감은 여인이 두 손에 봉을 들고 춤을 추는 듯한 모습이다.

일

- 세계 카드는 모든 것의 완성을 의미하며 원하는 대로 이루어진다.
- 여러 가지 능력이 대단하다.
- 취업, 이직, 승진은 소원 성취를 이룬다.
- 해외의 일적인 질문에 많이 나온다.

금전

- 성공하기 때문에 돈은 따른다.
- 목표를 달성하고 원하는 대로 이루어진다.

직업

- 스타일리스트, 패션업계, 유엔기구.
- 동시통역, 변호사, 외국 관련 회사.
- 외교, 무역, 무용가, 해외 관련 가이드.
- 이민 시, 해외 연수할 때 나오기도 함.

건강

- 만성 피로, 안과 질환, 자궁질환, 수족냉증.

연애

- 잘될 것이며 완전한 사랑을 한다.
- 결혼까지 이어질 수도 있다.
- 오래된 연인은 권태감이 들 때도 있다.
- 오래된 연인은 잡고 싶은 마음이 생기기도 하고 연적인 사랑이 나타날 때도 있다.
- 어려운 카드와 함께 나오면 파혼하거나 경쟁자가 나타나거나 둘만이 아는 관계 문제가 있을 수도 있다.
- 새로운 연애 시작도 좋다.
- 국제연애나 국제결혼을 할 때도 나온다.

어려운 카드가 함께 배열되면

- 행복한 결말이 되지 않고 실현을 이루지 못함.
- 다른 사람들을 나보다 못났다고 생각하고 깔본다.
- 두 남자를 쥐고 놓지를 못한다.
- 금전에서 마무리를 잘하지 않으면 미완성일 수 있다.

2.
마이너 아르카나 카드, 테마별 심리

地(흙): 펜타클의 테마별 심리

① 펜타클 ACE

구름에서 나온 손이 큰 동전 하나를 손에 쥐고 있다. 아늑하고 평화로운 자연 속에 울타리가 보이고 아치문 속에 멀리 산이 있다

금전

- 많은 돈이 들어올 수 있다. 예를 들어 학생은 장학금이든지 부모님의 유산 상속이나 차 구입 자금 또는 로또 당첨일 수도 있다.
- 물품 등 풍요가 넘칠 때도 나온다.
- 새로운 직업이나 기회가 돈이 된다.
- 최고의 상태(마음)일 수도 있다.
- 손 위에 돈이 놓이거나 여러 가지 행운이 다가올 수도 있다.
- 새로운 기회를 잡아 번창하고 부유하다.

연애

- 멋진 외모의 상대다.
- 은근히 외모를 따지는 사람이다.
- 경제력+외모와 따진다.
- 새로운 사랑의 시작일 때도 나온다.
- 경제적으로 풍요로운 상대이다.

어려운 카드가 함께 배열되면

- 돈박에 모를 수도 있으며 재정적인 퇴보다. 신용불량자이다.

② 펜타클 II번

열정적인 모습의 남자가 뫼비우스 띠로 연결된 동전으로 저글링하는 모습으로 남자 뒤에는 거센 파도 위에 배 두 척이 놓여 있다.

금전

- 돈 때문에 갈등하고 있으며 난처한 상황이다.
- 방앗간의 벨트처럼 속도 조절이 필요하다.
- 수입, 지출의 균형이 매우 중요하고 조화를 잘 이루어야 한다.
- 돈을 불려 보려고 노력하는 모습이다. 하지만 타이밍이 아주 중요하다.
- 금전적으로 사업은 좋지 않고 재정적인 퇴보이다.
- 두 개의 사업체나 두 개의 직업으로 절박하지 않은 상황일 때도 있다.

연애

- 이 카드가 나오면 대개 양다리이거나 갈등이 있다.
- 사랑이 멈췄거나 예전의 느낌이 아니다.
- 과거 헤어졌던 사람한테 연락이 올 수도 있다.
- 귀염성 있고 발랄하기는 하나 바람둥이 기질이 있다.
- 장거리 연애이거나 상대가 두 명일 때도 있다.
- 통찰 능력은 있으나 새로운 연애는 그다지 좋지는 않다.

어려운 카드가 함께 배열되면

- 갈수록 고비가 커지며 돈 때문에 갈등이 많아진다.
- 돈이 안 풀리거나 돈이 안 오거나 한다.
- 상태가 매우 혼란스러우며 성적으로 불만족이 크다.

③ 펜타클 III번

컬러가 없는 영적인 장소에서 전문가로 보이는 남자 한 명과 두 사람이 뭔가를 의논하고 있다. 조언을 구하고 있는 모습이다.

금전

- 누군가의 도움을 받아 일이 잘 풀리고 돈이 들어온다.
- 금전적으로 혼자보다는 도움을 받는 게 훨씬 힘이 된다.
- 지금은 불안정하고 미완성 상태이지만 열심히 하면 인정받는다.
- 미래를 위한 행동을 하기 전에 준비를 잘해야 한다.
- 미래에는 안정이 되고 큰 집도 있겠다.

연애

- 모임이나 소개팅에서 새로운 사람이 생긴다.
- 즉흥적 사랑이지만 준비된 부드러운 사람이다.
- 완성되지 않은 사랑이지만 믿을 수 있는 사랑이다.
- 손재주가 있으며 주위에 사람이나 친구가 많다.
- 연애 상대는 같은 직장이나 같은 동호회 등 학연, 지연, 사회 등 같은 공간에서 만날 수 있다.
- 어려운 카드와 함께 나오면 어정쩡한 삼각관계일 수도 있다.

어려운 카드가 함께 배열되면

- 불평이 많고 의심을 받게 된다.
- 마지막에 브레이크가 걸린다.

④ 펜타클 IV번

왕관을 쓴 남자의 머리 위에 동전 한 개, 가슴에 동전 한 개, 발밑에 동전 두 개를 움켜쥐고 딱딱한 돌의자 위에 앉아 있다. 뒤에는 고급진 집, 성이 부유함을 나타내고 있다.

금전

- 욕심이 많고 돈을 좋아하며 야무진 사람이다.
- 오너, 리더 자질이 갖춰져 있는 사람이다.
- 이 카드 나오면 잘산다.
- 문서나 등기 이전 시에는 이 카드가 나온다.
- 안정적인 재물 운이 있다.
- 들어는 가는데 나오는 것은 없다.
- 받기도 싫고 주기도 싫을 때 나온다.
- 돈이든 마음이든 인색한 인물이다.
- 너그러운 마음 가지지 않으며 주변에 사람이 없을 수 있다.

연애

- 질투심 강하고 소유욕도 강하다.
- 겉으로 아닌 척해도 속으로는 좋아한다.
- 내 마음을 몰라주는 서운함이 있다.
- 부드럽고 이해하는 성격이 아니다.
- 연애에서도 최소한의 것만 해 준다.

- 보수적이고 본인밖에 모르며 인색하다.
- 연애의 시작은 할 수 있어도 대개 오래가지는 못한다.

어려운 카드가 함께 배열되면

- 이익 때문에 움직이지 않으면 마음이 편하지가 않을 수 있다.
- 자금을 분산하지 않으면 현금이 잘 흐르지 않는다.

⑤ 펜타클 V번

두 남녀가 눈 내리는 밤에 눈 속을 함께 걸어가고 있는데 옷차림은 낡았고 신발도 신지 않고 남자는 다리까지 다쳐 목발을 짚고 있다. 불빛 새어 나오는 신의 보호가 있는 창을 보지도 않고 지나쳐 가고 있고 함께 가지만 따로 가고 있다

금전

- 재물은 최악의 상황으로 춥고 배고픔이 절정에 이르렀다.
- 돈이 메말라 있다.
- 돈이 회전이 안 된다.
- 나갈 돈이 많고 열악한 환경이다.
- 기회를 놓치고 있다.
- 이 카드가 나오면 어떤 조치가 필요하고 변화를 줘야 한다.
- 마음이 춥고 경제적으로 돈이 없어 배고프고 몸도 아프다.

연애

- 내면, 외면으로 외롭고 의지할 곳이 없다.
- 늘 외로운 사람이고 감정 자체가 메말랐다.
- 마음부터 변화가 필요하다.
- 주위에 도와줄 인연을 찾아야 한다.
- 새로운 사랑의 시작도 힘들다.
- 이 카드와 고위여사제 카드가 함께 나오면 떨어져 있는 커플이 많다.

별거나 각방. 또는 떨어져 있다.

- 상대의 의견을 존중할 줄 알고 적극적으로 주변을 둘러봐야 한다.

좋은 카드가 함께 배열되면

- 어떤 상황이든 도움이 필요하다는 것이다.
- 종교를 가지는 것이 마음에 위안이 될 수 있다.
- 여자보다는 남자 말을 들어야 위기를 면할 수 있다.
- 각자 살길을 도모하는 것이 오히려 좋을 수 있다.

⑥ 펜타클 VI번

부유한 남자가 힘든 사람에게 돈을 주고 있으며 저울에 달아 공평하게 나눠 주고 있다.

금전

- 돈은 들어오는데 주변 사람이나 가족에게 많이 나가서 모으지 못한다.
- 돈을 잘 쓰는 편이다.
- 돈이나 물건 똑같이 나갈 데가 많다.
- 선물 받거나, 주거나, 은혜를 받거나, 주거나 할 수도 있다.
- 돈을 빌리거나 대출금을 갚을 때 나오기도 한다.

연애

- 동정심이 많아 베푸는 사람이다.
- 한마디로 바람기가 있다.
- 통이 크며 마음이 좁지 않다.
- 새로운 사랑의 시작일 수도 있다.
- 어려운 카드와 함께 나오면 변덕이 있을 수 있고 비교는 전혀 도움이 되지 않는다.
- 양다리일 때 나올 때도 있다.

어려운 카드가 함께 배열되면

- 대체로 남의 물건을 공유할 수 있다.

- 자기도 힘든데 남을 도와준다.
- 도움을 받은 만큼만 도움을 준다.
- 진짜 힘들 때 도움받을 수 있는 사람이다.
- 욕망이 크거나 탐욕이 많고, 질투하거나 환상에 사로잡힐 수가 있다.

⑦ 펜타클 VII번

순박하고 선한 이미지의 남자가 포도 넝쿨이 가득하고 동전이 널려 있는 곳을 응시하고 있으며 많은 생각을 하고 있다.

금전

- 재물은 괜찮으며 열심히 노력한 만큼 얻게 된다.
- 돈이고 뭐고 다 때려치우고 지나친 생각만 하고 있다.
- 더하면 수확이 많고 재산 증식이 된다.
- 나태하고 무기력하고 쉬고 싶을 때 나오기도 한다.
- 현재를 유지하면서 더 노력하면 더 얻게 될 것이다. → 계속해야 한다.
- 자기 자신을 되돌아봐야 할 때 나오기도 한다.
- 재산이 많아서 생기는 일들을 걱정한다.
- 돈을 빌려줄 때는 작은 돈을 빌려줘라.

연애

- 권태기거나 갈림길, 무기력할 때 많이 나오며 이때는 변화가 있어야 좋다.
- 성실하고 선하고 노력하는 인물이지만 진도가 나아지지는 않는다.
- 새로운 연애운이 들어와도 시작하기가 쉽지는 않다.
- 어려운 카드와 함께 나오면 싸웠거나 헤어졌을 때일 수도 있다.

⑧ 펜타클 Ⅷ번

손재주가 많고 기술이 있는 남자가 펜타클 6개를 매달아 놓고 열심히 펜타클을 만들고 있는 모습이다. 뒤에 보이는 집은 열심히 일한 대가로 보인다.

금전

- 성실 근면한 사람이라 미래에 돈이 많아진다.
- 사업의 확장이 필요하다.
- 이미 이루어 놓은 일에 대한 자부심이 크다.
- 본인의 기술로 성실히 일해서 꾸준히 모아 간다.
- 기술과 손재주를 이용하는 사업은 재산 증식을 만드는 데 도움을 준다.
- 새롭게 추진하는 일이나 기회가 있을 때 나오기도 한다.
- 어려운 카드와 함께 나오면 돈 때문에 스트레스를 많이 받는다.
- 직업을 바꾸려고 했을 때는 잘 참고 견디다가 교체하거나 생각해 봐야 할 때 나오기도 한다.

연애

- 책임감이 강하고 인내심이 강하다.
- 착하며 부지런하고 성실해서 일등 신랑감이다.
- 연애보다는 일에 더 빠져 있는 상대일 수도 있다. → 끈기를 가져야

한다.

- 융통성이 부족하며 부드럽거나 자상한 면은 없을 수도 있다.
- 새로운 연애를 할 때는 일과 사랑을 조화롭게 잘 대처하든지 균형을 이루도록 해야 한다.
- 어려운 카드와 함께 나오면 서로 스트레스를 받을 수도 있다.

⑨ 펜타클 IX번

부유하게 보이는 여인이 아름다운 옷을 입고 장갑을 낀 손에 매를 올려놓고 들여다보고 있다. 주위 환경이 풍요로우며 자유로움을 만끽하는 모습이다.

금전

- 부자가 되고픈 욕망이 강해서 미래에 돈을 많이 번다.
- 부러울 것이 없는 부유함으로 호사를 누린다.
- 꿈이 실현되며 모든 것이 풍부하여 성취를 이룰 수 있다.
- 이 카드가 나오면 재물은 넉넉하며 성공한 여성으로 즐기는 생활을 한다.

연애

- 정이 들어서 만나고는 있으나 바람기가 있다.
- 상대가 나만 바라봐 줬으면 하는 바람이다.
- 자유분방하고 여유로운 사람이다.
- 상대에 대한 소유욕이 강하다.
- 연애하면 깔끔한 스타일을 좋아한다.
- 겉으로만 하지 말고 내 마음을 먼저 채워야 한다.
- 연애할 때 마음의 풍요가 없다. 마음을 모르고 건성으로 한다.
- 잠시 연인과 떨어져 있을 때 나오기도 한다.

- 연애에 대한 절박함이 없을 수도 있다(부족함이 없어서).

어려운 카드가 함께 배열되면

- 성가신 일은 다른 사람에게 시킨다.
- 자신의 이익을 위해 상대의 눈을 가린다.

⑩ 펜타클 X

화려하고 멋진 안정감이 있는 집에 할아버지, 부부, 아이 3대가 함께 있으며 펜타클 10개를 가득 채운 주위 환경이 풍요롭고 강아지들도 있다.

금전

- 펜타클 10번 카드가 나오면 부유함과 재력과 명예가 가득하여 행복이 절정에 이른다.
- 미래에 풍성한 삶이 이루어지고 부자가 되고 싶은 욕망이 강하다.
- 재물은 넉넉하고 새로운 사업을 하더라도 많은 재물이 들어온다.
- 금전에서 좋지 않을 때는 주변인에게 돈 나갈 일이 있을 수도 있다.
- 금전적으로 안 좋을 때는 돈 때문에 가족 간의 갈등이 생길 수도 있으니 조심해야 한다.

연애

- 잘될 것이며 행복한 가정을 이룰 것이다.
- 같이 살고픈 마음이 강하다.
- 현실적이지만 헌신적인 사랑을 한다.
- 연상 같은 사랑이 될 수도 있다.
- 결혼 상대로도 좋다.
- 새로운 사랑도 시작할 수 있다.

펜타클 X번 카드가 나오면

- 대개 유산 상속을 받거나 증여를 받았을 때 많이 나온다.
- 새로운 일자리, 승진, 금전 상황이 좋아진다.
- 안정된 생활, 안정된 풍요가 있다.

水(물): 컵의 테마별 심리

① 컵 ACE

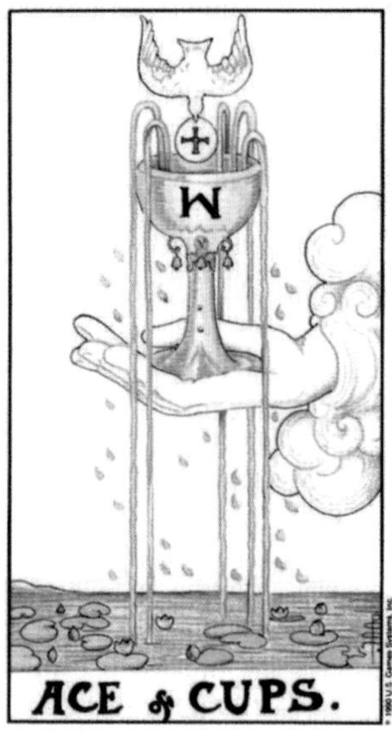

구름 속에서 손이 나와 컵을 들고 있다. 컵 안에 비둘기가 성체를 물고와 넣고 있으며 다섯 갈래의 물줄기가 넘쳐흐른다. 컵에는 W 표시가 있으며 컵 아래 연못에는 연꽃이 피어 있다.

인간관계

- 새로운 출발과 새로운 시작을 의미한다.
- 좋은 관계가 되며 서로 만족하는 관계이다.
- 서로에게 도움을 주는 관계가 된다.

연애

- 순수한 감성의 시작이다.
- 서로 갈망하는 마음보다 몸이 잘 맞는 것을 의미하기도 한다.
- 부드럽고 감성적이며 서로 이해하는 마음이 크다.
- 봄바람이라 할 만큼 잘 이루어진다.
- 결혼할 상대라면 임신이 될 수도 있다.
- 힘이 들게 나오면 내성적이어서 자신을 잘 표현하지 못할 수도 있다.
- 새로운 사랑의 시작일 때는 자신감이 필요하다.
- 대개는 새로운 출발을 의미하며 여성스럽다.
- 지팡이 ACE와 함께 나오면 남녀 궁합이 잘 맞는다고 볼 수 있다.

좋은 카드가 함께 배열되면

- 좋은 대인관계가 시작된다.
- 강력한 사랑의 감정이 생기며 막을 수가 없다.
- 임신이나 탄생의 신호일 수 있다.
- 모든 것이 번영, 번창한다.

② 컵 II번

올리브 관과 꽃 관을 쓴 두 남녀가 서로 잔을 마주하며 서 있다. 남자와 여자 위에는 날개 달린 사자가 있으며 사자 얼굴 밑에는 두 마리의 뱀이 있다. 두 남녀 뒤에는 푸른 언덕 위의 집이 보인다.

인간관계

- 서로 협력하고 연합하는 관계이다.
- 서로 귀인을 만난다.
- 따뜻한 마음씨를 지닌 가정적 상대이다.
- 동업도 괜찮으며 새 일이나 사업 모두 잘될 것이다.
- 서로 동등하게 투자하면 도움될 수 있다.
- 정보 교류를 하는 좋은 제안도 있고 좋은 파트너를 만날 수 있다.
- 사업할 때도 계약 성사가 잘된다.

연애

- 새로운 연애를 시작할 때에 나온다.
- 소개로 만남이 이루어질 수 있다.
- 상대의 마음을 알고 싶고 서로 간 의견 소통이 잘된다.
- 좋은 상대를 만나서 마음을 주고받으면서 잘 사귄다.
- 새로운 연애를 하면서 결혼까지 생각할 수도 있다.
- 힘든 카드와 함께 나오면 마음의 갈등이 있거나 마음 정리가 안 되어 있으면서 만날 때 나오기도 한다.

컵 11번 카드가 나오면

- 인간관계에서든 연인관계에서든 서로 부담이 없어야 관계가 지속이 된다.
- 서로 눈높이를 잘 맞추어야 하며 언어나 행동에서 서로에게 도움이 되는 말과 행동이 이루어져야 한다.

③ 컵 Ⅲ번

세 명의 여성이 풍요로운 열매가 가득한 곳에서 아름답고 화려한 옷을 입고 컵을 높이 들어 축배를 들고 있는 모습이다.

인간관계

- 주변 사람들과 좋은 일이 있어 즐기는 모습이다.
- 좋은 소식이 있을 수 있다.
- 인간관계에서 귀인이 오거나 옆에 있다.
- 일과 관련된 좋은 일이 있어 축배를 들게 될 것이다.

연애

- 주변에서 소개해 줄 수 있다.
- 인연과 즐거운 일이 생긴다.
- 귀인과 같이 좋은 사람이며 즐거운 자리에서 만날 수 있다.
- 여자 친구들과의 특별한 관계다.
- 약혼하면서 결혼 카드이기도 하다.
- 새로운 연애는 시작하면 된다.
- 연애에서 힘든 카드와 나오면.

- 친구에게 애인을 소개하면 깨질 수도 있다.
- 즐기고 마시다 보면 진지함이 떨어질 수 있다.
- 삼각관계를 조심해야 한다.

- 상대가 자주 바뀔 수도 있다.

어려운 카드가 함께 배열되면

- 말실수는 조심해야 한다. 지나고 나면 후회할 수 있다.
- 최음제나 마약 등 몽환적 분위기를 조심해야 한다.

④ 컵 IV번

보리수나무같이 생긴 나무에 기대어 남자가 팔짱을 끼고 앉아 있다. 푸른 잔디에 앉아 있는 앞에 놓인 컵이 세 개 있고 구름에서 나온 손이 컵을 내밀고 있지만 남자는 관심이 없는 모습이다.

인간관계

- 가족들, 가까운 사람에게 스트레스를 받는다.
- 학생이라면 학교, 친구, 가족, 주위 사람한테 스트레스를 받을 때 많이 나온다.
- 상대에게 기대가 많아서 실망스럽다.
- 일에 있어서 상대방하고 부딪칠 수도 있다.
- 현상 유지만 하고 현재 상태만 만족하려 할 때 나오기도 한다.

연애

- 권태기이고 지루하다.
- 재미가 없고 불만스러울 뿐이다.
- 상대에게 기대를 많이 했는데 실망할 때 나오기도 한다.
- 새로운 연애는 게을러서 못 한다.
- 기회를 잡지 못하면 기회를 놓친다.
- 좋은 카드와 함께 나오면(주변 카드).

\- 느낌이 강하다(feel이 온다).

\- 주변을 살펴보면 좋은 상황이 올 수도 있다.

컵 IV번 카드가 나올 때는

- 어떤 문제의 해결이 장기화될 수도 있다.
- 상대의 신분을 확인하고 거래해야 한다.
- 간 보지 말고 진정성 있게 인내심을 가지고 접근해야 한다.
- 주변 사람에게 기회를 줘야 할 때 나오기도 한다.

⑤ 컵 V번

검은색 코트를 입은 남자가 고개를 숙이고 있으며 서 있는 곳에 세 개의 컵이 쓰러져 있고 뒤에 두 개의 컵은 세워져 있다. 멀리 좋은 집이 보이고 앞에서는 강물이 흐르고 있으니 왠지 쓸쓸하고 비탄에 잠긴 모습이다.

인간관계

- 사람으로 인해 손해, 손실이 있을 수 있다(장사나 사업 등).
- 뒤통수를 맞을 수 있고 사람에게 당할 수 있으니 조심해야 한다.
- 보증이나 명의, 돈거래 하면 안 된다.
- 매사 조심해야 한다.
- 사업이든 창업이든 인간관계가 안 좋을 수도 있다.
- 변화를 했는데 그 변화가 절망으로 다가올 수도 있다.
- 좋은 카드와 함께 나오면.

- 자신을 돌아보고 주위를 둘러보면 다시 새로운 일, 좋은 관계가 올 수도 있다.

연애

- 좋지 않은 일이 있을 수 있어 언행을 조심해야 한다.
- 남자든 여자든 마음을 몰라서 스트레스가 있을 수 있으며 마음을 잘 다스려야 한다.
- 상대가 나를 안 좋아한다고 오해할 수도 있다.
- 결혼한 부부라도 대개 이혼, 이별이 올 수도 있다. → 상대에게 헌신

해야 한다.

- 쓸쓸하고 외롭고 절망적이다.
- 새로운 사랑을 할 수 없다.

컵 V번 카드가 나오면

- 면역력이 떨어지고 기가 허약해져 신기가 있을 수 있다.
- 조상의 제사나 산소를 잘 챙기는 것이 좋다.

⑥ 컵 VI번

좋은 집이 있고 잘 정리된 화분과 꽃이 있는 정원에서 두 어린아이가 꽃을 보면서 놀고 있는 모습이다.

인간관계

- 좋은 카드와 함께 나오면 과거 인연의 좋은 제안이 있고 도움이 있을 것이다.
- 과거로부터 연결된 좋은 아이디어가 있을 수도 있다.
- 돌아가신 분 중에 누군가 나의 수호천사가 되어 주고 있다.
- 어릴 적의 행복했던 순간을 추억하고 있을 때 나오기도 한다.
- 추억만 생각하지 말고 현실을 보아야 한다.

연애

- 좋았던 추억을 생각하면서 아름다운 사랑을 할 수도 있다.
- 오랜 과거에 만났던 사람이나 알고 지냈던 사람을 만날 수도 있다.
- 과거의 사람과 다시 연락될 때 나오기도 한다.
- 새로운 사람과 관계가 성립되기도 한다.
- 과거 사람과 비교할 때도 나온다. → 비교하지 않아야 한다. 도움이 안 된다.
- 마음의 감성은 있으나 변덕스러울 때도 있다.

어려운 카드가 함께 배열되면

- 상대가 수상해서 낌새를 챌 수도 있다.
- 상대 개입을 하기보다는 현실 점검하는 것이 좋다.
- 주변에 위험이 도사리거나 유괴를 조심해야 한다.

⑦ 컵 VII번

구름 속에 일곱 개의 컵이 있으며 컵마다 각기 다른 상징이 담겨 있다. 사람 얼굴, 그림자 모습, 뱀, 성, 보석, 월계관, 파충류 등이 있고 검은색의 사람 모습도 보인다.

인간관계

- 위험 상황이 될 수도 있어 입장을 명료하게 해야 할 수도 있다.
- 술자리에서 다툼이나 금전 손실이 있을 수 있다.
- 술자리를 피해야 한다.
- 환상적이면서 몽상가이고 뜬구름 잡는 사람일 때 나온다.
- 전혀 현실성이 없으니 현실 직시가 필요하다.
- 이 카드 나오면 사업적으로 인간관계를 맺어서는 안 된다.

연애

- 컵 VII번 카드는 바람기가 있는 사람이다.
- 과거의 인연이 관계 혼란이 될 수도 있다.
- 상대에 대한 갈등이 있고 대화가 통하지 않는다.
- 현실성이 없고 정직한 사람이 아니다. 빨리 헤어지는 것이 낫다.
- 새로운 연애도 하지 않는 것이 좋다.

컵 VII번 카드가 나오면

- 조상의 제사를 제대로 지내야 한다.
- 컵 VII번, 컵 V번 카드가 함께 나오면 정신병이나 신병이 올 수도 있다.
- 매우 우유부단하거나 어떤 선택을 하지 못할 때 많이 나온다.

⑧ 컵 Ⅷ번

달이 떠 있는 것 같지만 개기일식이 원하는 것을 어둠이 가리고 있는 밤에 한 남자가 산중으로 떠나고 있는 모습이다. 뒤에는 여덟 개의 컵이 세워져 있다.

인간관계

- 주변 사람이나 혹은 상황으로 실망을 했거나 의욕 상실이 되어 있다.
- 좋게 나오면 어떤 상황과 이유에 의해 포기하기도 하지만 주변에서 감싸 줄 수 있다.
- 어쩔 수 없이 그만두어야 하며 희생이 따를 때 나오기도 한다.
- 현실에 얽매이면 힘들어질 수 있다.
- 회사를 그만두고 싶다든지 모든 관계에서 무기력할 때 많이 나온다.
- 과감히 정리하고 미래 지향적 태도가 필요할 수도 있다.

연애

- 실망하고 헤어지고 싶은 마음이 있다.
- 공허하고 허무한 마음이고 무기력하다(생활의 변화가 필요하다).
- 가족에 대한 책임이 우선이어서 어쩔 수 없이 포기하고 떠났을 때 나오기도 한다.
- 잘못된 연애 시 포기하고 떠날 수도 있다.
- 유학이나 군대 갈 때도 나오기도 한다(사랑은 하지만).

- 새로운 사랑은 힘들 수도 있다.

어려운 카드가 함께 배열되면

- 고비를 잘 넘기지 못한다.
- 건강상 치아가 안 좋을 수도 있다.
- 세상을 등지고 종교에 귀속할 수도 있다.
- 도둑질할 때 나온다.

⑨ 컵 IX번

믿음직스럽고 뚱뚱한 남자가 팔짱을 끼고 의자에 앉아 있다. 여유로운 표정이며 뒤에서 컵 아홉 개가 가지런히 놓여 있다.

인간관계

- 모성애가 느껴지고 인기가 많다.
- 옆에 있는 사람도 신이 날 정도로 여유가 있고 만족감이 있어 보인다.
- 친구도 많고 인간관계도 좋다.
- 직장이나 인간관계에서 노력의 대가를 받는다.
- 인간관계에서든 사업에서든 자신이 추구하는 것과 일치된다고 볼 수 있다.
- 어려운 카드와 함께 나오면 본인의 것을 빼앗기지 않으려 할 수도 있다.
- 정말 궁극적인 모든 것의 만족인지를 심사숙고해야 한다.

연애

- 귀엽고 어디서든 인기가 많다.
- 이해가 많고 배려심이 있는 사람이다.
- 결혼한 사람은 이 카드 나오면 임신 소식이 있을 수 있다.
- 그냥 친구로만 지낼 수 있다.
- 서로 만족하며 새로운 사랑을 할 수도 있다.

- 뒤에 있는 컵을 이성으로 볼 때는 바람둥이 기질이 있다.
- ↔ 매우 자유분방하고 실수를 하거나 오히려 불완전할 수도 있다.

⑩ 컵 X번

아름답고 평화로운 정원 풍경 속에서 가족의 행복한 모습이 보이고 아이들은 즐거워하고 있다. 하늘에는 무지개가 떠 있고 무지개 속에 10개의 컵이 놓여 있다.

인간관계

- 모든 것이 행복하고 편안하며 만족감과 즐거움이 있다.
- 가족적이며 효자, 효녀에 많이 나오는 카드이다.
- 가슴이 따뜻하고 감성이 풍부한 인간관계이다.
- 가족들이 함께할 때 모든 것이 좋아진다.
- 힘든 카드가 컵 X번 뒤에 나오면 현실성이 없을 수도 있어 현실 점검을 잘해야 할 때도 있다.

연애

- 연애할 때 헌신적인 사랑을 하며 지켜 주는 사랑을 하는 카드이다.
- 행복하고 잘되며 만족한 사랑을 한다.
- 행복한 가정을 이룰 것을 꿈꾸면서 연애한다.
- 이 카드 나오면 연상을 만날 수도 있다.
- 소개팅이나 선볼 일 있을 때 나오기도 한다.
- ↔ 진전이 없고 긴장감이 없다.

火(불): 지팡이의 테마별 심리

구름에서 나온 손에 새싹이 돋아난 지팡이가 쥐어져 있으며 멀리 산과 들판, 강이 보인다.

① 지팡이 ACE

일

- 모든 일의 새로운 시작이며 기회이다.
- 사업가는 확장이나 이전, 직장인은 새로운 직업을 갖는다든지 이직을 하거나 할 때 나온다.
- 어떠한 일에 도전하는 일이 생긴다.
- 망설임 없이 행동하고 모험을 하고 있을 때 많이 나오는 카드이다.
- ↔ 뭔가 하기는 해야 하는데 정해진 것 없이 갈피를 잡지 못할 수도 있다.
- 몸이 좋지 않을 때는 수맥을 의심해 봐야 한다.

연애

- 로맨스의 새로운 시작이다.
- 연애를 시작할 수 있고 좋은 궁합이다.
- 믿을 수 있는 사람이다.
- 내성적이나 마음표현 잘못할 때도 있다.
- 마음만 있지 행동은 없고 짝사랑만 할 수도 있다.

- 건강 등 희소식이 있다던가 자신감이 생긴다.

지팡이 ACE 카드가 나오면

- 새 직업을 갖는다거나 시작을 의미하며 기회가 온다.
- 기술을 익힐 기회일 수도 있고 여행의 모험이 될 수도 있다.

② 지팡이 II번

남자가 성 위에 서서 한손에는 지구본을 들고 또 한손은 지팡이를 잡고 서 있다. 잡고 있는 지팡이 아래에는 백합과 장미 무늬가 새겨져 있고 멀리 바다를 보며 신중하게 계획을 세우는 모습이다.

일

- 일에 대한 욕심이 강하고 원대한 꿈을 가지고 있다.
- 일에 대해 야무지고 똑똑하며 결정하면 잘 이루어 낸다.
- 두 가지 일을 할 때 결정해야 하는 상황이 생길 수 있다.
- 새로운 계획을 모색하거나 할 때 나오는 카드이다.
- 세상을 넓게 보고 있으며 큰 모험을 꿈꾸고 있다.
- 무역과 관련되거나 도전을 생각하지마는 심사숙고를 할 때도 있다.
- 구기 종목이나 방망이를 이용하는 운동도 맞다.

연애

- 양다리이거나 갈등 상황이어서 답답할 수 있다.
- 결정해야 할 때 나오기도 한다.
- 결정을 못 하면 집토끼, 산토끼 다 놓칠 수 있다.
- 상대에게 관심이 많지 않아 상대가 외로움을 느낄 수도 있다.

- 연애 상대보다는 일을 더 많이 하고 정신이 다른 데 가 있을 수도 있다.
- 좋은 카드와 함께 나오면 서로 잘 선택했다는 의미이다.

어려운 카드가 함께 배열되면

- 연애운에서 사랑보다는 일이 우선이라 일을 선택한다.
- 마음이 이미 반 정도 돌아선 상황이다.

③ 지팡이 III번

지팡이 세 개가 안정되게 꽂혀 있으며 한 개의 지팡이를 잡고선 남자가 멀리 배가 떠 있는 황하강을 바라보면서 큰 모험을 계획하고 있는 모습이다.

일

- 새로운 시작이나 일에 대한 운이 활짝 열려 있어 좋은 기회가 올 것이다.
- 일적으로 안정이 되어 있고 행운이 찾아오는 카드이다.
- 현재도 성공했지만 계속 도전해도 성공할 수 있다.
- 모험과 행동의 카드로 무역업 등이 특히 좋을 수 있다.
- ↔ 현재 불안하며 고민 중일 수도 있다.

연애

- 주변이나 친구 관계에서 연인이 나타난다.
- 연인과 잠시 떨어져 있을 수도 있다.
- 연인이 군대나 해외 출장을 갔다거나 할 때 많이 나온다.
- 과거의 누군가를 생각하거나 멀리 떨어져 있는 사람을 그리워한다.
- 활동적이면서 지적인 사랑을 한다.
- 남성의 카드로 나오면 남성이 스태미나가 대단하다.
- 어려운 카드와 함께 나오면 마음이 완전히 돌아선 상황이고 장애물이 많다.

지팡이 III번 카드가 나올 때는

- 멀리 보며 앞일을 계획하고 있을 때 많이 나온다.
- 고향이 그립거나 멀리 있는 사람이 그리울 때도 나온다.

④ 지팡이 IV번

지팡이 네 개가 잘 고정되어 안정감 있게 세워져 있다. 아름답고 큰 성 앞에 인파들이 몰려 있으며, 두 남녀가 꽃다발을 들고 결승점에 도달하는 모습으로 지팡이 안 꽃 넝쿨 속으로 들어오고 있다. 목표를 달성한 모습이다.

일

- 모든 목표를 달성하며 승진이 되거나 시험에 합격한다.
- 결혼을 의미할 수도 있고 축제, 잔치를 할 일이 생길 수도 있다.
- 어떤 것의 마무리되는 시점이며 성공하는 카드이다.
- 좋은 일이 많이 생기며 견고한 안정감이 있다.
- 금전도 좋고 하고자 하는 일이 해결된다.
- 일적으로 휴가나 휴식을 취할 때 나오기도 한다.

연애

- 한눈에 반하며 이상형을 만난다.
- 감성적이면서 열정적이고 따뜻한 상대이다.
- 결혼까지 갈 수 있는 연애를 한다.
- 연애하며 결혼이라는 모험을 하려고 한다.
- 주말 연인일 때나 새로운 연애를 할 때도 나오는 카드이다.

어려운 카드가 함께 배열되면

- 우유부단하며 남을 주는 것은 싫은 마음이다.
- 양다리일 수도 있다.

⑤ 지팡이 V번

넓은 들판에서 다섯 명의 남자들이 지팡이를 서로 휘두르는 모습이다. 아이들 싸움일 수도 있고 스포츠를 하는 모습일 수도 있다.

일

- 일이나 사업에서 경쟁자와 다툼이 있을 수 있다.
- 경쟁이나 얽힌 일로 손해가 있을 수 있다.
- 직원 간에도 갈등이 있다거나 승진이 실패할 수도 있다.
- 불평, 불만이 많고 마음이 안정이 안 된다.
- 전형적인 구설수가 있고 시끄러운 일이나 시빗거리가 생기는 카드이다.
- 사소하게 신경이 쓰이고 집중이 안 된다.
- 일에서 좋은 카드와 함께 나오면 마음을 편하게 비우던지 묵묵히 일하고 개입하지 않는 것이 좋다.

연애

- 갈등이 있다거나 사소한 의견 분쟁이 있을 수 있다.
- 신경이 쓰이고 집중이 안 되는 카드이다.
- 보수적인 연애이면서도 자꾸 사소한 싸움을 걸어 볼 수도 있다.
- 열정적이더라도 마음을 비우는 게 낫다.

- 새로운 연애는 하기 어렵다.
- 연애에서 좋은 카드와 함께 나오면 금방 끝날 수 있는 사소한 말다툼이니 서로 마음을 비우면 괜찮아지기도 한다.

⑥ 지팡이 VI번

지팡이에 월계관을 꽂고 또 한 개의 월계관은 머리에 쓰고 천으로 덮은 백마를 탄 남자가 시종을 데리고 환영하는 인파들 사이로 천천히 오고 있는 모습이다.

일

- 고생 끝에 노력한 대가는 받는다.
- 더 많이 하면 그만큼 좋은 결과가 있다.
- 기쁨에만 도취되어 있지 말고 건성으로 하지 않아야 한다는 의미를 나타내기도 한다.
- 지금 상황은 매우 좋은 편이다.

연애

- 약간 독불장군이어서 자만하거나 무시할 수도 있다.
- 힘든 과정이 있었지마는 현재는 매우 좋다.
- 밝고 쾌활한 사람으로 이성이 많이 따른다.
- 속마음까지도 사랑해야 한다.
- 새로운 연애도 할 수 있다.

어려운 카드와 함께 나오면

- 남의 업적을 가로챌 수 있다.
- 숨어 있는 적이나 스파이가 있을 수 있으며 조심해야 한다.

- 거짓으로 승리했다고 할 수 있다.
- 대가를 치러야 할 수도 있다.
- 겉으로는 열심히 일하는 것 같지만 속으로는 나태하고 일하기 싫다.

⑦ 지팡이 VII번

한 남자가 한 개의 지팡이를 들고 밑에서 올라오는 여섯 개의 지팡이를 방어하고 있는 모습이다.

일

- 힘이 들지만 강한 의지로 버티고 있다.
- 쉽지 않은 상황이지만 스스로 일어서는 것이 중요한 상황이다. → 자신감 있게 대응해야 한다.
- 굴복하지 않는 고정관념이 박혀 있다고 볼 수 있다.
- 용기는 있지만, 고집이 세고 융통성이 없는 편이다.
- 열심히 일하지만 대가는 별로 없고 현상 유지하느라 애쓰고 있는 카드이다.
- 좋은 상황은 아니고 잘 버티다 보면 좋아질 수 있으나 바로 대가를 바라지 마라.
- 장애물이 많고 여러 가지 조건들이 좋지 않을 수 있다.

연애

- 의지가 강해서 잘 견디고는 있는 편이다.
- 고집도 세고 집착이 강하다.
- 속마음을 잘 표현하지 않으니 상대방이 답답해한다.
- 연애할 때 여러 가지 장애물이 많다.

- 새로운 연애를 하기에는 많이 힘이 든다.

좋은 카드가 함께 배열되면

- 스스로 일어서고 자신감 있게 대응하여 확고한 입지를 다지는 것이 중요할 때도 있다.
- 사랑하는 사람을 위해 보호자 역할을 할 수도 있다.

⑧ 지팡이 Ⅷ번

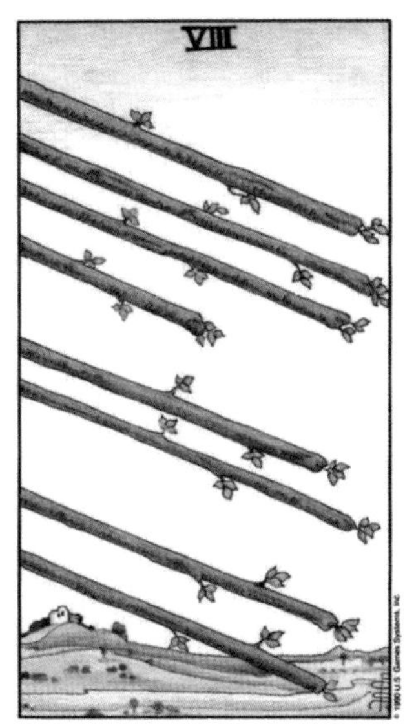

배에 실어진 여덟 개의 지팡이가 한꺼번에 날아가고 있는 것처럼 보인다. 빠르게 전진하는 모습이다.

일

- 어떤 일이든 빨리 추진이 되어 진행된다.
- 좋은 일이 생기고 잘 해결되며 그동안의 보상을 받는다.
- 어둠이 밝아오며 변화가 예상되는 카드이다. 예로 해외여행이라든지 신속하게 빠르게 돌아가는 상황을 말한다.
- 돈이나 일의 흐름도 매우 빠르다.
- 결과 카드로 나오면 시험 보고 온 사람의 합격 카드이기도 하다.
- 일적으로 힘든 카드와 함께 나오면 너무 성급한 결정으로 안정감이 없고 일을 그르칠 수도 있다.

연애

- 더 좋아지며 힘이 많이 들어서 쉽게 헤어지지 못한다.
- 알고 지냈던 사람에게 연락이 올 때도 나온다.
- 사랑의 카드와 함께 나오면 사랑의 화살이며 진행 속도가 빠른 편이다.
- 바람기가 있어 바람을 피울 수도 있다.

- 새로운 만남은 있을 수 있으나 그렇게 진지함은 없을 수도 있다.
- 카드로만 보면 지적인 면은 있는데 주위에 많은 남자들을 의미하기도 한다.

⑨ 지팡이 IX번

한 남자가 머리에 수건을 동여매고 지팡이에 기대어 기다리거나 대항하고 있는 모습이다. 뒤에는 여덟 개의 지팡이가 들쑥날쑥 에워싸고 있다.

일

- 일이 많고 불안한 마음이다.
- 극심한 스트레스를 받고 있어 사람을 못 믿고 자신도 믿지 못한다.
- 몹시 지치고 피곤함이 쌓여 있는 상황이다.
- 중요한 것이 있다면 잘 지키려는 힘이 필요한 상황일 수도 있다.
- 현상 유지도 안 되고 너무 힘이 많이 들기는 하나 휴식하면서 젖 먹던 힘까지 다해야 할 때이다.
- 결과 카드가 좋게 나오면 휴식을 취하면서 잘 대비하면 더 나아질 수도 있다.
- 계속 방어하면서 정면 돌파하지 말고 목표까지 가야 한다.

연애

- 상대방을 배려하지 않고 의심을 하게 되니 자신이 힘들다.
- 항상 불안한 마음이고 지쳐 있다.
- 가정은 이별, 이혼 과정일 수도 있다.
- 자신만 생각하니 새로운 연애도 하기 힘들다.
- 이성에게 많이 시달릴 때 나오기도 한다.

⑩ 지팡이 X번

한 남자가 지팡이 열 개의 무게에 짓눌려서 한꺼번에 옮겨가고 있다. 힘들어 보이는 모습이다.

일

- 욕심이 많아서 일을 벌이다 보니 자기 스스로 힘들어 한다.
- 혼자 해내기가 벅찬 모습이다.
- 다 해내려는 책임감과 짊어진 무게로 스스로 지칠 때 많이 나오는 카드이다.
- 과도한 욕심에 본인이 스스로 사로잡혀 있다.
- 생각이 많고 결과가 노력에 비해 약할 때 나오기도 한다.
- 자신의 능력, 한계를 명확히 바라볼 때일 수도 있다.
- 좋은 카드와 함께 나오면 좋은 전환점을 맞이하고 업무에서 해방이 되고 다 이루어 낼 수도 있다.

연애

- 상대의 마음을 잘 모르겠고 만족이 안 된다.
- 모든 힘든 부분을 본인 혼자 감당하려고 하는 마음이 강하다.
- 현실적이며 안목도 좋고 책임감은 강하다.
- 어려운 카드와 함께 나오면 상대방의 애정 상태를 모르겠고 이성이

많아 힘이 들 때 나올 수도 있다.

- 새로운 연애는 힘이 들며 일에 중독이 된 사람이다.

어려운 카드가 함께 배열되면

- 자신을 학대하고 있으며 희생하고 있다.
- 혼자서 무리하다 참으면 더 큰 사건이 터질 수 있다.

風(공기): 검의 테마별 심리

① 검 ACE

검 ACE는 매우 이성적이며 판단력이 있고 논리적인 카드이다. 구름에서 나온 손이 왕관과 월계관이 걸린 검을 쥐고 있다.

현재 상황

- 강한 정신력의 소유자이며 이성적이고 현실주의자이다.
- 새로운 시작이며 탁월한 리더십이 있다.
- 권력과 명예욕이 강하다.
- 학생의 진로 운에서는 명석한 두뇌와 논리성이 강해 이과 선택률이 높다고 할 수 있다.
- 의사나 군인, 경찰도 괜찮다.

연애

- 새로운 시작을 할 수 있다.
- 자존심이 굉장히 세서 어려운 카드와 함께 나오면 갈등을 야기할 수 있다.
- 한 번 꽂히면 사랑이 강렬할 수 있다.
- 이성적이고 논리적이나 말로는 이길 수 없다.

어려운 카드가 함께 배열되면

- 강한 의지나 목적의식이 없고 모든 것이 미성숙 단계에 있을 수 있다.
- 말을 함부로 하거나 정곡을 찌른다.
- 소송이 있을 수 있고 싸움을 대신하고 있을 때도 나온다.
- 생각이 많고 애매모호하다.

② 검 II번

한 여성이 눈은 가려져 있고 두 손에 큰 검을 쥐고 있으며 가슴을 보호하고 있고 앉아 있는 뒤에는 바다 물결이 출렁이는 모습이다.

현재 상황

- 이중의 마음으로 결정을 내리려고 할 때 많이 나오는 카드이다.
- 또 뭔가를 깊이 생각하고 고민하거나 갈등이 있다.
- 어떤 선택의 기로에 있어 불안하고 위험에 직면해 있을 수도 있다.
- 건강상으로 우울증이나 대인공포증 공황장애가 있을 시 나오기도 한다.
- 어떤 상황이든 안 좋은 상황이며 혼자만의 생각에 빠져 있을 때도 많이 나온다.
- 좋은 카드와 함께 나오면 해결의 실마리가 보이고 앞이 조금씩 트이기 시작할 수도 있다.

연애

- 양다리이거나 갈등이 있을 수도 있다.
- 다툼이 있거나 난처한 상황에 빠진다.
- 의사소통이 어렵고 폐쇄적이다.
- 사랑은 아무하고도 이루어지지 않으며 냉소적이면서 차갑다.

- 새로운 연애는 시작할 수 없는 카드이다.

어려운 카드가 함께 배열되면

- 악마 카드가 함께 나오면 육체적 관계에 빠질 수 있으니 조심할 필요가 있다.

③ 검 III번

심장에 칼이 꽂힌 것처럼 세 개의 검이 심장을 관통하고 있으며 먹구름이 몰려오고 비가 내리는 모습이다.

현재 상황

- 하고 있던 일을 그만두었거나 일이 잘 풀리지 않는다.
- 마음의 큰 상처로 자신감이 결여되어 있다.
- 인간관계에서 시련이 있었거나 있거나 있을 수도 있다.
- 모든 상황이 고통스럽고 힘든 카드이다.
- 몹시 힘든 상처일 수도 있고 이별, 상실, 아픔, 죽음을 나타내기도 한다.
- 똑같은 아픔이 반복되었거나 큰 대수술을 했을 수도 있다.
- 삶에서 느끼는 스트레스를 유발하는 분통을 겪게 되는 때이기도 하다.

연애

- 시련, 아픔, 마음의 상처가 있다.
- 삼각관계로 인한 슬픔에서 오는 힘든 과정일 수도 있다.
- 마음으로 나타내지 않는 상처가 남아 있지만 잘 감당하고 있음을 나타낼 때도 있다(좋은 카드와 함께 나오면).
- 새로운 연애는 할 수 없으며 마음이 편하지가 않다.

④ 검 IV번

한 남자가 한 개의 검을 옆에 두고 휴식을 취하면서 기도하는 모습으로 누워 있다. 한쪽 벽에는 검 세 자루가 걸려 있고 신의 보호가 있는 창문은 검은 선으로 나뉘어 아이와 여성이 있는 모습이다.

현재 상황

- 쉬고 싶으며 만사가 귀찮은 상황이다.
- 어긋난 상황이어서 몸과 마음을 쉬어야 한다.
- 신체적, 정서적인 치유가 필요하다.
- 혹시 질병을 앓았거나 앓고 있거나 앞으로 건강을 잃을 수도 있으니 조심해야 한다.
- 메이저 은둔자 카드와 함께 나오면 은둔과 관련이 크다고 할 수도 있다.

연애

- 갈등이 있거나 다툼, 오해의 소지가 많다.
- 모든 상황에서 쉬고 싶고 새로운 연애도 하고 싶지 않다.
- 잠깐의 이별일 때는 좀 지켜보면 자연스레 풀릴 수도 있다.
- 좋은 카드와 함께 나오면 서로 안전하고 완전함으로 갈 수 있다.

⑤ 검 V번

검 세 자루를 들고 있는 남자는 승리한 것 같지만 비열하고 야비한 모습이다. 패배한 두 남자는 비참해하고 검은 땅에 떨어져 있으며 하늘에는 먹구름이 흘러간다.

현재 상황

- 사업이든, 시험이든 모든 것의 경쟁이 치열하다.
- 난감한 상황. 파괴적인 상황에서 벗어나야 할 때 나오는 카드이다.
- 주위를 잘 살펴야 할 때 나온다.
- 배신이나 소외감을 가까운 곳에서 당할 수도 있다.
- 역경이 닥치고 뺏기고 나서 후회해도 소용없을 수 있다.
- 좋은 카드와 함께 나오면 싸움에서 벗어나 잠시 생각할 여유를 가지면 화를 면할 수도 있다.

연애

- 갈등이 있거나 싸움을 할 수도 있고 서로 떨어질 수도 있다.
- 오해가 많을 수도 있으니 각별히 말과 행동을 조심해야 한다.
- 과거 연인과 부딪힐 수도 있다.
- 비열함이 있어 배신을 할 수 있다.
- 배신은 가까운 곳에서 당하고 뺏기고 나서 후회해도 때가 늦었다.

⑥ 검 VI번

어스름한 해질녘에 아이와 여인이 웅크리고 배 위에 앉아 있고 남자가 노를 저어 멀리 보이는 육지로 향하고 있다. 배의 앞머리에 여섯 개의 검이 꽂혀 있으며 아이와 여인은 노를 젓는 남자에게 의지하고 있는 모습이다.

현재 상황

- 현재는 불만이 있어도 참으면 힘든 고통 뒤에 점점 나아지는 상황이 될 수 있다.
- 좋은 카드로 이어지면 승진, 이직, 임금 인상 등 좋은 일이 생긴다.
- 더 나은 자리로의 이동이나 여행이 오히려 좋은 상황이 될 수 있다.
- 숨죽여서 천천히 진행하고 극복해 가야 한다.

연애

- 좋은 카드로 이어지면 더 좋아질 수 있다.
- 움직인다는 것은 개방적이어서 엔조이성 연애로 갈 수도 있다.
- 어려운 상황이지만 함께하려고 하는 마음은 있다.
- 새로운 연애는 하기 어렵다.

어려운 카드가 함께 배열되면

- 위기를 벗어나면 이별을 준비한다.

- 낙태 수술을 많이 할 수 있다.
- 남편과 장기간 이별해야 하는 상황에서도 많이 나온다.
- 위기 상황이니 행동을 잘해야 한다.

⑦ 검 VII번

빨간 모자, 빨간 장화를 신은 남자가 다섯 개의 검을 거꾸로 들고 음흉한 얼굴을 하고 막사에서 살금살금 나가고 있다. 검 두 개는 그대로 꽂혀 있으며 몹시 위험해 보인다.

현재 상황

- 수단, 방법을 가리지 않으며 충동성이 매우 강하다.
- 새로운 시작을 하려고 해도 마음이 불안하고 불안정하다.
- 상대를 내 식대로 판단하려고 하면 안 된다. 상대를 부드럽게 다루어야 한다.
- 인과응보의 대가를 치르고 자기 덫에 자기가 걸릴 수 있다.
- 산업 스파이일 수도 있고 욕심을 낸 만큼 자신에게 돌아올 것이다.
- 오랫동안 믿고 함께했던 사람도 이 카드 나오면 바로 배신당할 수 있다.
- 남편에게 이 카드 나오면 비상금 챙기고 있다.

연애

- 삼각관계에서 많이 나오며 다른 사람을 좋아할 수 있다.
- 다툼이나 갈등이 있으며 정신적으로나 물질적으로 모두 도둑맞을 수 있다.
- 마음도 주고 몸도 주고 돈도 주지만 결국은 비열하게 가고 만다.

- 새로운 연애에서는 절대 하지 않는 게 좋다.
- 단호함이 전혀 없고 책임을 회피하는 사람이어서 가까이하지 않는 게 좋다.

⑧ 검 Ⅷ번

한 여자가 눈은 가려져 있고 몸은 느슨하게 묶여 있으며 발아래 물이 빠져 있는 바닷가에 서 있다. 여덟 개의 검에 둘러싸여 있으며 멀리 성이 보인다.

현재 상황

- 근심, 걱정이 많으며 답답하기만 하다.
- 외롭고 소외감을 느끼고 두려움 때문에 상황 파악이 안 되고 있다.
- 고통에 길들여 있고 내 힘을 남이 움직이고 있다.
- 극심한 업무 스트레스나 일이 많아서 여유롭게 놀지 못할 때 나온다.
- 대인관계에서 오는 스트레스로 고통스럽고 본인 스스로 못 견디고 있다.
- 좋지 않은 상황에 놓여 있지만(질병, 사고, 재난, 위험) 해결할 방법을 찾지 못한다.
- 현실을 똑바로 인식하지 못할 수도 있다.
- 좋은 카드와 함께 나오면 주변에서 도와주면 해결될 수 있다.

연애

- 연애하고 있어도 우울하고 재미없다.
- 상대를 의심하고 상대가 만족이 안 된다.
- 엄청난 스트레스를 받으면서도 상대에게서 도망을 가지 못하고 붙

잡혀 있을 수 있다.

- 사람이나 상황이 굉장히 힘들면서도 현실을 똑바로 인식할 수 없는 상황일 때 많이 나온다.
- 새로운 연애는 시작할 수가 없다.

⑨ 검 IX번

한 여자가 두 손으로 머리를 감싸고 앉아 있으며 잠을 못 이루는 모습이다. 벽에는 검 아홉 개가 걸려 있으며 침대 측면에는 싸움을 하고 있는 사람이 조각되어 있다. 꽃무늬가 그려진 이불을 하반신만 덮고 있다.

현재 상황

- 주변 상황이 좋지 않으며 아무도 도와줄 수 없는 상황일 수 있다.
- 근심, 걱정이 많고 외로우며 불면, 두려움에 절망하는 모습이다.
- 우울증, 불면증, 정신적인 스트레스가 많고 너무나 안 좋은 상황이다.
- 하반신과 관련된 질병이 있거나 여러 차례 수술이 있을 수도 있다.
- 주변의 물건을 치우거나 다른 곳으로의 이동이 좋을 수도 있다.
- 양로원 같은 시설에서 생을 마감할 수도 있다.

연애

- 사랑하는 이에게 깊은 상처를 받는다.
- 주변 상황이 많이 힘들게 한다.
- 스트레스를 많이 받고 내면의 고통이 커서 누구도 도와줄 수도 없다고 느낀다.
- 새로운 연애는 할 수 없다.

- 좋은 카드와 함께 나오면 예전 기억을 되살려 이 상황을 뚫고 나가면 고통이 끝나갈 수 있다.
- 주위나 주변에 신경 쓰지 않는 게 좋다.

⑩ 검 X번

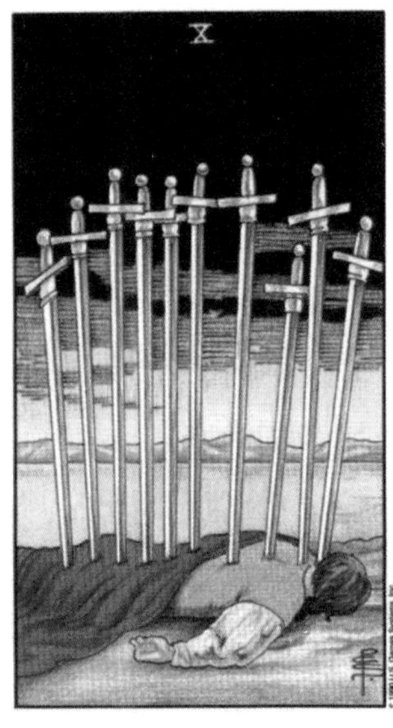

한 남자의 몸에 열 개의 검이 꽂혀 있으며 바다가 보이고 석양이 지는 모습이고 하늘이 어두우나 또 밝은 빛이 나올 수도 있다.

현재 상황

- 생각이 산만하고 마음이 불안하다.
- 갑자기 힘든 일이 생기거나 큰일이 발생할 수 있다.
- 예기치 않은 금전 손실이 있을 수 있고 파산이 되거나 부도가 날 수 있다.
- 사경을 헤매는 큰 사고를 당하거나 집중적인 인신공격을 당할 수도 있다.
- 학생이든 직장인이든 왕따를 당하거나 죽음과 맞바꾸는 어떤 희생이 있을 수 있다.
- 대수술을 의미하기도 하며 전신 성형일 때도 나온다.
- 시간적으로 해질녘에는 물가에 가면 사고가 생길 수 있으니 조심해야 한다.
- 좋은 카드와 함께 나오면 힘들었던 일이나 과거를 정리하고 새로운 시작일 때도 있다. → 안 좋은 일 종료되고 전화위복이 된다.

연애

- 주변 상황이 힘들게 할 수 있다.
- 서로 힘든 상황이므로 말과 행동을 조심해야 한다.

- 대개는 헤어졌을 때 많이 나오는 카드이다.
- 귀여운 상대이고 개구쟁이 스타일이지만 말과 행동으로 고통을 줄 수 있다.
- 인신공격으로 인해 절망적일 수 있다.
- 새로운 연애는 할 수 없으며 당분간 힘들다.

3.
궁정 카드 테마별 심리

펜타클 종자 또는 시종

한 소년이 머리에는 붉은색 터번을 쓰고 녹색 옷을 입고 동전을 손에 들고 보고 있다. 녹색의 대지는 평화로운 모습이다.

금전

- 돈 벌 기회는 열려 있으나 아직은 지킬 운이 약하다.
- 미래에 부동산을 많이 소유할 것이다.
- 작은 이익을 좇지 말고 돈을 땅에 묻는 게 좋다.
- 작은 것에 만족하고 돈 관리를 잘해야 한다.
- 미숙하고 서투를 수 있으니 직접 눈으로 보고 투자하는 게 좋다.

연애

- 연하나 큰아들이라 해도 막내 같은

사람이다.

- 귀염성은 있으나 아직은 미숙하다.
- 상대를 더 좋아하는 편이다.
- 연하의 남자면 오히려 더 좋을 수 있다.
- 새로운 연애의 시작은 어려운 편이다.

펜타클 시종 카드가 나오면

- 대체로 새로운 사업 기회일 때나 프로젝트 시작일 수 있다.
- 반복적인 일을 하고 있어서 직업을 바꾸고 싶을 때도 나온다.
- 아직은 미숙해서 본인이 주도하는 일에는 조언자나 전문가가 필요할 때도 있다.

펜타클 기사

멈춰 있는 검은색 말 위에 투구를 쓴 기사가 동전을 들고 앉아 있으며 생각에 잠긴 모습이다.

금전

- 개인적이며 안정을 추구하고 있다.
- 늘 주머니에 돈이 마르지는 않는다(빌려서라도 돈이 있다).
- 땅(부동산)과는 맞는 편이다.
- 현상 유지 중이지만 더 나아지는 삶이다.
- 지혜롭게 상황을 지켜보면서 좋은 상황이 올 수 있도록 하면 된다.

연애

- 여성의 이상형이며 백마 탄 왕자라 할 수 있다.
- 책임감이 강하고 사려 깊고 신중한 사람이어서 좋은 배우자감일 수 있다.
- 완고함과 고집이 있어 서로 잘 소통해야 한다.
- 연애에서 힘들게 나오면 새로운 만남을 해도 답답하고 진척이 없다.

펜타클 기사 카드가 나오면

- 행동할 수 있도록 단호함이 있어야 한다.
- 헛수고가 안 되도록 손을 써서 움직이게 재촉해야 하는 상황이 되기

도 한다.

- 지켜보는 것이 지혜로울 수 있지만 과감히 이동을 해서 말을 가게 해야 할 때 있다.

펜타클 왕비 또는 여왕

머리에 화려한 관을 쓰고 편안한 옷을 입은 여성이 손에 펜타클을 들고 앉아 있다. 양 머리와 인어가 그려진 화려한 의자에 앉아 있으며, 주위에는 장미 넝쿨, 풍요로운 대지 위에 토끼가 있는 모습이다.

금전

- 돈 욕심이 많아서 돈은 여유롭게 있을 것이다.
- 금전적으로나 모든 사업에 좋은 징조가 보인다.
- 모든 것이 장밋빛이며 부유하고 번창한다.
- 현실적이면서 일하는 여성이다.
- 더 안정적이 되며 부동산도 많을 것이다.

연애

- 이 카드가 나오면 연애하기 싫어하는 마음이다.
- 약간 완벽주의자이며 내 기준이 높아서 만족을 못 한다.
- 모성 본능이 있고 연상의 여성일 수도 있다.
- 부드럽고 자애로운 덕을 갖춘 여성이다.
- 집착하기도 하고 표현은 약하다.
- 속은 안 그러면서 겉으로는 냉정한 척한다.
- 새로운 연애도 안정감 있고 편안하게 할 수도 있다.

어려운 카드가 함께 배열되면

- 물질은 풍요로우나 정신은 채워지지 않을 수 있다.
- 이혼하고 위자료를 받게 되었을 때 나오기도 한다.
- 돈은 벌었으나 자식에게 미안한 게 많을 수 있다.
- 허영심이 많고 인색하고 편협할 수 있다.

펜타클 왕

화려한 관과 풍요로운 포도 넝쿨 그려진 옷을 입고 봉(홀)과 동전을 들고 황소머리가 그려진 의자에 앉아 있다. 멀리 성이 보이며, 주위의 모든 것이 풍요롭다.

금전

- 왕 중에 가장 풍요로우며, 모든 종류의 사업에 돈 융통이 잘된다.
- 재력이 좋으며, 부동산도 많다.
- 카리스마와 권력이 대단하고 모든 일을 잘 다룬다.
- 계산적이고 이득을 챙기는 편이다.
- 땅에 대한 집착이 크고, 돈을 써도 금방 채워진다.
- 주변에서 사업 제의가 많고, 매우 유리한 상황일 수 있다.

연애

- 권위주의자이며, 소유욕이 강한 편이다.
- 고지식하고 고집이 세지만, 내 사람에게는 퍼 주는 편이다.
- 좋은 카드와 함께 나오면, 자선을 베푸는 사람일 수도 있다.
- 부유하고 재력이 넉넉한 상대이다.
- 새로운 연애도 할 수 있으며, 간혹 나이 차이가 나는 경우도 있다.

좋은 카드가 함께 배열되면

- 하고자 하는 일들이 매우 유망하고, 성공 가능성이 크다.
- 정확하게 일을 하고 조직을 잘 다룬다.
- 능력이 있고 통찰력이 뛰어난 재력가일 수도 있다.

컵 종자 또는 시종

파란 두건과 수선화가 그려진 화려한 옷을 입고 젊은 남자가 컵에서 올라오는 물고기를 응시하고 있다. 뒤에는 물이 흐르는 바다가 보인다.

인간관계

- 감수성과 상상력이 풍부하고, 여건은 좋으나 의지가 좀 약하다.
- 외모에 신경을 많이 쓰는 사람이며, 노력만 하면 가능성은 열려 있다.
- 뒤의 배경이 좋거나 자수성가할 사람이다.
- 연예인이나 예술가를 희망하는 사람일 수도 있다.
- 세상의 현실을 알아가려고 노력을 하고 있을 수도 있다.

연애

- 외모가 곱고 호감 가는 사람이다.
- 첫눈에 반하는 일등 신랑감일 수 있다.
- 좋은 사람이며, 인간관계가 좋다.
- 감성적이며, 마음을 잘 표현하고 스킨십을 좋아한다.
- 연하의 남자일 때 많이 나오며, 잘생긴 편이다.
- 새로운 사랑을 시작할 수도 있다.

- 임신을 조심해야 할 수도 있다.

좋은 카드가 함께 배열되면

- 예능에 첫발을 내딛거나 연예인이나 예술가를 꿈꾸는 사람일 때 많이 나온다.
- 장학금이나 좋은 소식, 면학에 최선을 다하는 젊은이일 수도 있다.

컵 기사

젊은 기사가 화려한 투구와 물고기가 그려진 옷을 입고 컵을 앞으로 내민 채 백마를 타고 천천히 나아가고 있다. 앞에는 강물이 흐르고 산이 보이는 모습이다.

인간관계

- 머리가 비상하며, 상대의 상황을 이미 잘 판단하고 있다.
- 자수성가하며, 뒤의 배경이 아주 좋은 편이다.
- 기사도 정신 가지고 있으며, 매너가 매우 좋은 사람이다.
- 믿음을 주는 사람이며, 부드럽고 자상한 편이다.

연애

- 첫눈에 반하는 백마 탄 왕자이며, 구혼자 카드이기도 하다.
- 로맨틱하며, 분위기로 제압한다.
- 새로운 사랑을 시작할 수도 있다.
- 여자들의 이상형일 수 있다.
- 연애에서 힘들게 나오면, 당신은 그를 원하지만, 그는 당신이 원하는 것을 줄 수 없다는 것일 수도 있다.

컵 기사 카드가 나오면

- 누군가의 계획 제시나 프로젝트 등이 있을 때 많이 나오는 카드이다.

어려운 카드가 함께 배열되면

- 현실적인 제안인지를 꼭 따져 보아야 할 필요가 있다.
- 신뢰할 수 있는지를 꼭 살펴보아야 한다.

컵 왕비 또는 여왕

화려하고 큰 의자에 한 여성이 뚜껑이 닫힌 화려한 컵을 손에 들고 바라보며, 앉아 있다. 저 멀리 육지가 보이고 발 앞에 물이 있으며, 의자 옆에는 인어 모양의 물고기가 그려져 있다.

인간관계

- 인간관계가 매우 좋으며, 배려하는 사람이다.
- 말을 잘하며, 말로 하는 직업이 딱 맞는 사람일 수 있다.
- 뒷배경이 좋으며 미래에 돈이 있는 편이다.
- 기다리는 해외의 소식이나 사람이 있을 수 있다.
- 풍족하고 넉넉하여 희생할 수 있다.

연애

- 사랑하는 사람에게 잘해 주며 사랑스러우면서 여성스럽다.
- 예민하고 감수성이 풍부하나 변덕이 심할 때도 있다.
- 상대방에게 자신감 없고 비밀스러울 수도 있다.
- 돈 욕심 많고 현재에 만족 못 할 수 있다.
- 약간 폐쇄적이며 내숭이 심할 때도 있다.

어려운 카드가 함께 배열되면

- 실현 가능성이 전혀 없고 회피할 수도 있다.

- 비현실적이고 판단력이 부족해서 이상만을 찾는 사람일 수도 있다.
- 언제 위험해질지 모르니 지혜를 동원해서 점검을 꼭 해야 할 수도 있다.

컵 왕

왕좌가 바다 가운데 물 위에 떠 있으며, 푸른색 옷 위에 황금색 망토를 두르고, 화려한 관을 쓰고 두 손에 컵과 홀을 든 왕이 앉아 있다.

인간관계

- 배경이 좋고 자수성가를 할 사람이긴 하나 지위나 재물을 빼앗길까 불안해할 수 있다.
- 술을 즐기고 늘 내연녀가 있어 돈은 못 지키는 편이다.
- 예술적 감각이 있고 부드럽지만 때로는 매우 격정적일 수 있다.
- 홀로 고립되어 있을 때가 많고 어떤 것도 자신을 채워 줄 수 없다고 생각한다.
- 풍요로움을 위해서 씀씀이를 줄이고 지켜야 한다.

연애

- 바람기가 있으며 여자관계는 우유부단한 편이다.
- 겉으로는 표현 못 하면서 우유부단하고 집착이 강하다.
- 계산적이며 의심하고 떠보는 거 좋아한다.
- 부드럽고 자상한 스타일의 상대와 연애를 한다.
- 여성에게 자상하고 부드럽게 대하기 때문에 여성들에게 인기가 많다.

어려운 카드가 함께 배열되면

- 자기의 감정을 억압하고 변덕이 심하여 신용할 수 없을 때도 있다.
- 감정 기복이 심하여 다른 사람들과 공감을 하지 못할 수도 있다.

지팡이 종자 또는 시종

지팡이 시종이 깃털이 달린 모자를 쓰고 있으며, 헤르메스 무늬의 옷을 입고 지팡이 싹을 바라보고 서 있다. 옆에는 세 개의 피라미드가 있다.

일

- 반복되는 일은 좋아하지 않으며 새로운 일을 하고자 한다.
- 호기심과 모험심이 강하고 통찰력이 있다.
- 해외에서 오는 소식이나 일자리 제안이 있을 수 있으며, 기다린다면 좋은 소식이 있다.
- 새로운 프로젝트나 휴가 계획이 있을 수 있다.
- 외국인, 외국 관련, 외국하고 연관이 깊다.
- 직장과 멀리 떨어질 수도 있다.
- 믿을 수 있는 정보이고, 디자인, 그래픽, 설계, 미용 등의 일이 맞을 수 있다.

연애

- 호기심이 매우 많아 한 사람만 사귀지 못할 수 있다.
- 변덕이 있으며 정착하지 못한다.
- 자유로운 정신의 소유자이며 마음에 드는 사람과는 연인이 될 수도 있고 친구가 되기도 한다.

- 나이가 많을지라도 조금 미숙하고 어리숙하다.
- 연하의 남자이며, 멀리서 만날 수도 있다.
- 새로운 연애를 시작하는 것도 나쁘지는 않다.

어려운 카드가 함께 배열되면

- 열정이 강해서 마음만 앞서고 하고자 하는 목표를 달성하지 못할 수도 있다.

지팡이 기사

열정적이고 적극적인 기사가 앞을 향해서 말을 타고 달리고 있다. 도마뱀 무늬의 옷을 입고 지팡이를 들고 있으며 저 멀리 피라미드가 보인다.

일

- 스태미나가 강하고 용감하며 활동적이다.
- 장거리 이동수가 있거나 해외로 움직일 수도 있다.
- 새로운 프로젝트를 위해, 어떤 추진력이든 강력하게 밀고 나갈 수도 있다.
- 어떤 도전이나 모험, 교육 기회 등 갑작스런 일이 생길 수 있다.
- 주거지가 변화될 수도 있고 출장이나 여행의 기회일 수 있다.
- 일에서 힘들게 나오면 끈기가 부족하고 하고자 하는 일만 하며 하기 싫은 일은 안 한다.
- 인내심이 없고 계획과 행동이 서툴러서 생각한 대로 목표가 이루어지지 않을 수도 있다.

연애

- 열정의 마음으로 서로 사랑한다.
- 열렬히 좋아하므로 집착하는 편이다.
- 매너 있고 인물도 준수하며 상대를 잘 리드해 간다.

- 머리도 똑똑하고 첫인상이 좋아서 이상형일 수 있다.
- 마음이 끌리며 새로운 사랑이 찾아온다.
- 힘들게 나오면 마음이 변하여 흥미를 잃을 수도 있다.
- 화를 내고 후회할 수도 있으니 즉흥적인 행동을 하지 말아야 한다.

지팡이 왕비 또는 여왕

지팡이를 한 손에 들고 해바라기는 또 다른 한 손에 들고 사자가 새겨져 있는 의자에 여왕이 정면을 향해 앉아 있다. 여왕 앞에는 고양이 한 마리가 앉아 있다.

일

- 어딜 가더라도 일을 잘한다는 소리를 듣는다.
- 안정적 확신을 지니고 있으며 자신감이 넘쳐흐른다.
- 모험하는 것을 두렵게 생각하지 않으며 능력이 많은 여성이다.
- 일과 사랑을 모두 쟁취하려고 하며 권력 지향적이다.
- 전체 상황을 잘 파악하고 모든 문제를 잘 다룰 수 있다.
- 유능하고 의욕이 넘치며 탁월한 조직력, 지도력을 가진 지도자이다.
- 돈도 있고 돈 욕심 많으며 가족의 핵심 인물일 수 있다.

연애

- 현모양처이기는 하나 매우 내숭적이다.
- 마음속으로 사랑을 갈구하며 다른 사람을 그리워할 때도 있다.
- 집착이 강하고 성욕도 강하며 더 능력을 발휘한다.
- 새로운 연애운도 잘 들어온다.

- 능력 있는 여성이면서 바람을 피울 수도 있다.

어려운 카드가 함께 배열되면

- 자기 의견이 강하고 욕심이 매우 많아진다.
- 스스로 조절이 어려워 분노를 폭발시킬 수도 있다.

지팡이 왕

지팡이 왕이 지팡이를 느슨하게 손에 쥐고 측면을 보이면서 사자 문양이 있는 의자에 앉아 있다. 불꽃 모양의 장식이 있는 왕관과 보존 모자를 쓰고 있으며, 옆에는 도마뱀이 보인다.

일

- 열의와 영감이 있으며 리더십을 잘 발휘한다.
- 조언을 구하고 신뢰할 수 있을 때 나타난다.
- 현재에 만족하지 않고 도전을 하며 차분히 노력하면 성공할 수 있다.
- 동기 부여가 매우 잘되고 있다는 것을 나타낸다.
- 모든 문제를 잘 해결해 주고 능력이 뛰어남을 나타낸다.
- 일은 열심히 하지만 융통성이 없을 때도 있다.

연애

- 권위주의적이며 정열적이고 적극적이다.
- 바람기는 없으나 스킨십을 좋아한다.
- 연상 카드에 많이 나올 때가 있다.
- 새로운 연인이 올 수도 있다(새로운 연애 질문 시).

검 종자 또는 시종

날렵해 보이는 시종이 큰 검을 들고 공격적인 모습을 하고 있다.

현재 상황

- 아슬아슬하고 불안하며 예민한 상황이다.
- 냉정해지고 성급하며 조급해질 때가 있다.
- 잠재력이 있고 결단력이 있어 단단히 준비하면 잘될 수 있다.
- 머리가 비상하고 이성적인 면이 있어 기술을 연마하는 게 좋다.
- 군대를 빨리 가는 것이 좋을 수도 있다.
- 힘든 카드와 함께 나오면, 성급해지기 쉬워 실수하는 사람이거나 상황이 될 수도 있다.
- 학교폭력을 일으키기도 하고 아무에게도 조언을 들으려고 하지 않는 독불장군의 모습을 나타낼 수도 있다.

연애

- 억세고 터프한 탓에 매력이 없다.
- 상대에게 무정하거나 속마음을 몰라 줄 수도 있다.
- 폼만 좋고 어리숙하고 서툴기만 하다.
- 자존심과 고집이 대단하여 어렵기만 하다.

- 생각이 있다 하더라도 급하고 직선적이다.
- 다소 믿음성이 없어 새로운 연애는 하기 힘이 든다.

검 시종 카드가 나오면

- 너무 조급해하지 말고 행동하기 전에 꼭 신중히 생각해야 한다는 것이다.
- 시험이든 예측되지 않은 상황이든 늘 단단히 준비해야 하고 원하는 것이 무엇인지 생각해 보는 것이 중요하다는 것이다.

검 기사

검을 치켜든 기사가 투구도 내리지 않고 말갈기를 휘날리며 전속력으로 돌진하고 있는 모습이다.

현재 상황

- 큰 변화가 일어나거나 빠르게 발생하는 사건이 있을 수 있다.
- 용감하며 목표를 향해 망설임 없이 돌진하며 정면으로 승부할 때이다.
- 장사나 사업은 확실한 계획을 세우고 추진하는 게 낫다.
- 유능하지만 무모할 수도 있으니 잘 대처해야 하며 사소함이 큰일을 그르치지 않도록 해야 한다.
- 난관들을 잘 극복해야 나중에 잘된다고 볼 수 있다.
- ↔ 치명상을 조심해야 하며 너무 쉽게 믿지 않아야 한다.

연애

- 의리와 패기가 있는 사람이라 쉽게 매혹시킬 수 있다.
- 목표를 향해 망설임 없어 매우 속도감 있게 진행이 될 수 있다.
- 카리스마가 대단하고 할 때는 잘하나 쌀쌀할 때는 아주 냉정하다.
- 친구를 짝사랑하거나 어중간한 사이에서 진전이 없을 때도 있다.
- 계산적이고 현실적이어서 갈등이 있을 때도 있다.
- 새로운 연애는 할 수 있으나 믿음성이 부족해질 수도 있다.

검 왕비 또는 여왕

카리스마가 넘치는 여왕이 옆모습을 보이며 검을 들고 앉아 있는 모습이다. 나비 문양의 왕관을 쓰고 있다.

현재 상황

- 대단한 카리스마가 있고 예민한 상태이다.
- 엄격한 규칙이나, 주변 상황에 강력한 태도를 보인다.
- 자존감이 세서 혼자 해결해야 하는 상황으로 의욕이 상실될 수도 있다.
- 냉철함과 단호함으로 쉽게 굽히지 않음을 나타낼 수도 있다.
- 성격이 대단해서 쉽게 친해지지 못하는 상황일 수 있다.

연애

- 결혼하기 싫어하고 별로 마음을 주지 않는다.
- 결혼해서도 외롭고 결혼을 늦게 하는 것이 낫다.
- 독신자나 떨어져 있는 사람이 많다(주말부부, 미망인).
- 이상이 커서 만족하지 못하고 쉽게 친해지지 않는다.
- 첫 정에 매우 집착하며 금전, 외모를 다 따지는 편이다.
- 남자에는 별 관심이 없고 새로운 연애에도 관심이 없는 편이다.
- 일과 사랑 중에 일을 택하며 결혼은 늦게 하는 것이 나을 수 있다.
- 개인적인 감정, 감상들이 끼어들 여지가 전혀 없을 때가 많다.

검 왕

큰 검을 들고 당당하게 정면을 바라보며 왕이 앉아 있다. 왕관에는 나비 문양이 있으며, 푸른색 옷과 보라색 망토를 두르고 있다.

현재 상황

- 실수가 용납되지 않으며 완벽주의자라 매우 예민한 상태이다.
- 대립 관계의 인물을 나타내기도 하며 매우 강력한 적과 맞서야 할 수 있다.
- 뒤의 배경이 든든하고 자유분방하나 삶에 대해서는 냉철하다.
- 통제하고 논리적이며 엄격하며 지독한 독립심을 요구하는 사람을 나타낼 때도 있다.
- 효율성을 원해서 매우 분석적이고 현실성이 있을 때이다.

연애

- 사랑의 감정이 가슴으로 생기기는 어렵다.
- 권위적이고 가부장적인 편이다.
- 반응을 보이지 않거나 냉담하기가 쉽다.
- 냉철하고 이성적이어서 감성적 표현이 서툴다.
- 서로 이해와 공감의 부족으로 상대방 탓을 할 수도 있다.
- 좋은 카드와 함께 나오면 마음을 주면 변하지는 않는다.

4.
상담과 배열

상담하기

- 상담자는 우선 내담자를 위해 카드를 해석하는 방법을 정확히 터득해야 한다.
- 해석자와 상담자의 역할은 공감하고 소통하는 것이다.
- 내담자와의 상담 과정에서 분석해 가면서 이해력을 키워 나가야 한다.
- 실제로 경험해 보고 직접 상담해 보는 것만이 실력을 향상시킬 수 있는 최고의 방법이다.
- 무엇보다 중요한 것은 내담자라는 사실이며 상담 중에 일어날 수 있는 여러 문제를 익숙하게 여기고 잘 파악해야 한다.
- 상담자는 내담자가 실제로 느끼는 것을 안정하고 공감해 주며 주의 깊게 들어 줘야 한다.
- 내담자에게 말할 기회를 주면서 상징을 찾아내고 해석을 잘 전달해야 한다.
- 상담자는 상식과 직관력, 추리력을 사용하여 최선의 방법을 찾아 의

미 있는 경험으로 만들 것인가이다.

- 비밀 유지가 잘되고 친밀 대화를 나눌 수 있는 안전한 공간을 확보해야 한다.
- 방해의 요소를 최소화시키고 윤리를 잘 지켜야 한다.
- 타로의 해석자와 상담자 역할을 하면서 있는 그대로 말하고 내담자에게서 들은 이야기와 연결하여 해석해 주어야 한다.
- 소통이 잘될 수 있도록 해야 하며 통찰력과 해답을 제시하기 위해 상담하고 있음을 알아야 한다.
- 상담은 내담자와 상담자와의 대화를 잘 끌어내고 공감해 가는 과정에 있으며, 카드를 통해 나타난다는 것이 정말 중요한 것이다.

배열하기

① 준비하기

- 사용할 카드는 깊은 애정과 경건함을 가지고 주머니에 싸서 스프레드 천과 함께 잘 보관하면 좋다.
- 정리가 잘된 공간이 필요하며 내담자와 상담자를 위해 준비된 마음가짐을 가져야 한다.
- 자신만의 방식으로 자신의 원칙을 가지고 할 수 있어야 한다.
- 카드 읽기는 아주 중요한 문제가 무엇인지가 중요하며, 대화로 이끌어 가며 주제를 찾으면서 풀어나가야 한다.
- 카드 해석은 생생한 그림을 설명하면서 그 의미가 자연스럽게 전달되도록 상상력을 활발하게 유지해야 한다.
- 과거 카드, 중심 카드, 미래 카드의 맥락을 잘 살핀다.
- 내담자의 질문 상황에 따라 배열이 되어 있는 카드를 보면서, 직관을 동원하여 얘기하면 된다.
- 마음 가득히 집중하면서 융통성 있게 해석해 주고 스토리 전개를 해나가면 된다.

배열 방법

어려운 방법보다는 자신이 좋아하면서 가장 쉽고 효율을 높일 수 있는 배열로 한다.

① 한 장 뽑기

- 하루 운을 알고 싶다는지, 예, 아니오 등 단답형 질문 시에 많이 사용된다(하루 일과를 점검).
- 전체 카드 중에서 물음을 주고 한 장을 뽑는다.

② 한 장 뽑기: 매일매일을 보는 묵상 카드

- 마음으로 어떤 주제나 질문을 갖지 않고 무의식적으로 하나의 카드를 뽑는다.
- 카드를 생각하고 마음속 깊이 느껴 본다.
- 매일 마음으로 카드의 스토리를 새긴다.
- 그날 생기는 상황을 잘 살피고 카드가 전하는 내용이 무엇인지를 본다.

③ 세 장 뽑기

- 셔플을(섞는다) 하면서 주제를 준다.
- 주제를 준 후 카드를 오른쪽에 놓는다.

- 오른쪽에 있는 카드에서 3등분을 한다.
- 처음($\frac{1}{3}$)[최근/과거], $\frac{2}{3}$ 중($\frac{1}{2}$)[현재 상황], ($\frac{1}{2}$)[미래 상황의 결과] 순서대로 놓는다.
- 카드 1(과거), 카드 2(현재 상황), 카드 3(미래 결과).

카드 1

카드 2

카드 3

카드 1 (과거)	카드 2 (현재 상황)	카드 3 (미래 결과)
현재 문제	나아갈 길	미래 상황
시작	중심	마지막
도입	요점	귀결
오전	낮	밤
현재 상황	다가올 문제	최종 결과
현재	미래	먼 미래

- 맨 위 카드를 뒤집고 스토리 전개를 한다(스토리텔링).
- 3장 뽑기는 여러 상황으로 쓸 수 있다.

④ 관계 배열(4장 뽑기)

- 친구, 연인, 사업상 관계, 인간관계, 직장, 배우자, 다른 사람과의 관계에 대한 통찰이다.
- 카드를 순서대로 고른 후 1번, 2번, 3번, 4번 순서대로 배열해서 놓는다.

〈예시〉

카드 1 카드 2

카드 3 카드 4

- 카드 1: 내담자 본인, 내담자가 상대방과의 관계에서 느끼는 것, 또는 내담자가 알아야 할 것을 얘기한다.

- 카드 2: 상대방, 상대방이 내담자와의 관계에서 느끼는 것을 나타낸다.
- 카드 3: 두 사람 간의 관계에서 나타나는 어떤 특성을 나타낸다.
- 카드 4: 두 사람 간의 관계가 보여 주는 내면의 마음, 행동의 모습을 보여 준다.

⑤ 관계 배열(6장 뽑기)

- 관계에 대하여(상대방과) 잘 섞은 후 펼친다.
- 내담자 자신이 상대방에 대한 마음, 태도, 분위기, 상황은 어떠한지 생각하면서 3장을 뽑아 순서대로 놓는다.

〈예시〉 카드 1번, 카드 2번, 카드 3번: 내담자

카드 1

카드 2

카드 3

- 상대방이 내담자에 대한 마음, 태도, 분위기, 상황은 어떠한지 생각하면서 3장을 뽑아 순서대로 놓는다.

〈예시〉 카드 4번, 카드 5번, 카드 6번: 상대방

카드 4 카드 5 카드 6

- 카드 1: 내담자의 과거 마음, 태도, 분위기, 상황 등.
- 카드 2: 내담자의 현재의 마음 상태(상대방에 대한).
- 카드 3: 내담자의 상대방에 대한 미래의 마음 상태.
- 카드 4: 상대방의 내담자에 대한 과거의 마음 상태.
- 카드 5: 상대방의 내담자에 대한 현재의 마음 상태.
- 카드 6: 상대방의 내담자에 대한 미래의 상황.

⑥ 관계 배열(7장 뽑기) U자형

- 사랑하는 사람, 가족, 다른 사람과의 인간관계, 직장 동료, 친구 등 모든 사람과의 관계에서 사용한다.
- 카드를 뽑은 순서대로(1, 2, 3, 4, 5, 6, 7) 배열한다.
- 배열한 후에 순서대로 스토리텔링을 한다.

카드 5

카드 1 카드 2

1. 잘 섞어서 생각하고 있는 사람을 생각하며 나와 상대방 두 장을 뽑

는다.

2. 뽑고 나서 배열 후에 나와 상대방을 정해도 된다.

3. 그 후 5장을 뽑는다.

- 카드 1(내담자): 내담자가 상대방에 대하여 느끼고 있는 마음, 분위기, 상황을 나타내고 있다.
- 카드 2(상대방): 내담자에 대하여 느끼고 있는 마음, 분위기, 행동 등이다.
- 카드 3(현재 상황): 두 사람 간 현재 어떠한지 마음의 상태를 알 수 있다.
- 카드 4(생각하는 마음): 내담자와 상대방 간의 앞날의 중요한 마음 상태를 보여 준다.
- 카드 5(중심 카드): 중요한 중심 사항이며 좋은 카드는 앞으로의 상황이 좋아진다는 것을 의미한다.
- 카드 6(가까운 미래, 짧게는 1~3개월 길게는 6개월).

- 긍정적 카드: 두 사람 간의 관계가 좋아질 수 있다.

- 어려운 카드: 문제가 있으며 이별로 끝이 될 수도 있다.

- 카드 7(먼 미래, 짧게 6~12개월, 길게 이듬해까지).

- 긍정적 카드: 두 사람의 희망과 행복을 나타낸다.

- 어려운 카드: 싸움의 갈등. 이별의 슬픔이 될 수 있다.

- 어려운 카드 뒤에 좋은 카드가 나오면 힘들게 노력해야 할 것이다.

〈예시〉 남자 친구가 나에게 프러포즈 할까요?

카드 5
(연인)

카드 4
(운명의 수레바퀴)

카드 6
(컵 X)

카드 3
(지팡이 여왕)

카드 7
(세계)

카드 1
(컵 II)

카드 2
(컵 기사)

- 카드 1(컵 Ⅱ): 결혼하고 싶은, 신뢰 가는 사람이다.
- 카드 2(컵 기사): 구혼자, 관계를 맺는다.
- 카드 3(지팡이 여왕): 안정되고 싶고 만족, 확신한다.
- 카드 4(운명의 수레바퀴): 사랑이 가고 있는, 운명적 사랑이다.
- 카드 5(연인): 결합을 원하는, 사랑하는 사람이다.
- 카드 6(컵X): 가족, 화목한 가정을 이룬다.
- 카드 7(세계): 완성하는, 결실을 맺는다.

⑦ 5장 뽑기(말편자 배열 ∩)

- 모든 질문에 사용할 수 있으며, 가장 많이 쓰이고 매우 쉬우면서 누구나 재미있게 쓸 수 있는 배열이다.
- 카드를 섞으면서 주제를 정확히 정한다.
- 카드를 펼친 후에 다섯 장을 뽑는다.
- 뽑은 카드를 고른 순서대로 배열한다.
- 배열 순서는 1번, 2번, 3번, 4번, 5번이고 말편자처럼 생겨 말편자 배열이라고 한다.

카드 3
(검 II)

카드 2
(지팡이 여왕)

카드 4
(심판)

카드 1
(고위여사제)

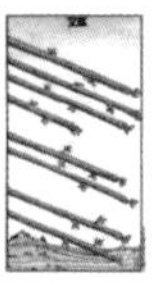

카드 5
(지팡이 Ⅷ)

- 카드 1(지금의 상황): 주제의 지금의 상황과 내담자의 마음과 분위기이다.
- 카드 2(앞으로 일어날 일, 앞에 있는 상황): 그 주제의 미래와 앞에 있는 주요 상황을 나타낸다.
- 카드 3(중심 위치): 중요한 사항이며 비중이 크게 자리 잡는다. 인물이 나타난다면 결정적인 역할의 인물일 수 있다.
- 카드 4(가까운 앞날-1~3개월, 길게-6개월): 좋은 카드는 올바르게 향하고 있다는 것이고, 어려운 카드는 주제에 대한 상황이 힘들 수 있다는 것이다.
- 카드 5(먼 앞날): 결과 카드로(나올 때).

- 좋은 카드: 하고자 하는 일이 잘 이루어진다는 것이다.
- 어려운 카드: 하고자 하는 것들이 힘들거나 실패일 수 있다는 것이다.

〈예시〉 하고자 하는 일이 잘될까요?

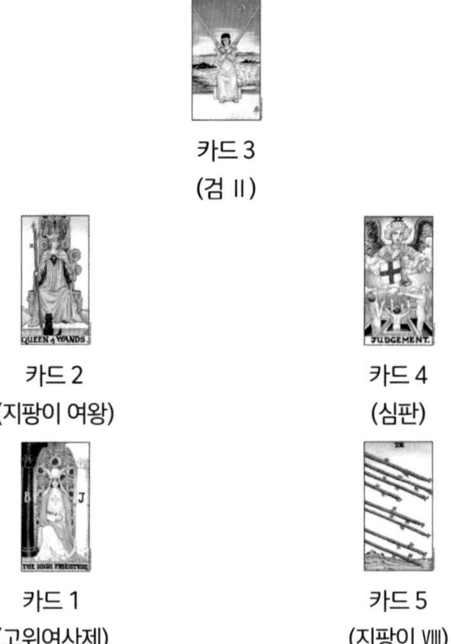

- 1번 고위여사제: 영적 깨달음이 있어야 하고 스스로 내면 잘 살펴야 한다.
- 2번 지팡이 여왕: 안정을 원하며 전체 상황 잘 파악해야 한다.
- 3번 검 II : 방어, 상황 살피고 두려움 극복해야 한다.
- 4번 심판: 과거를 청산하고, 결단을 내리고, 결정을 잘해야 할 것이다.
- 5번 지팡이 VIII: 잘 헤쳐 나가면 긍정적 변화가 올 것이다.

⑧ 5장 뽑기(간단한 십자가 배열)

- 자기 자신에 대해 알 수 있는 배열이며, 자기 자신을 똑바로 세울 수가 있다.
- 펼쳐진 카드에서 고른 순서대로 배열한다.

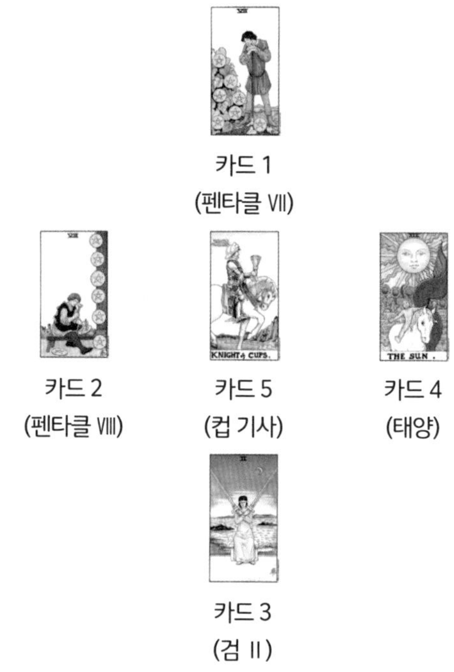

- 카드 1: 내담자가 처해 있는 상황, 지금 자신이 있는 곳을 정확히 파악해야 한다.
- 카드 2: 자신이 해야 할 일, 내담자가 해야 할 숙제이다.
- 카드 3: 자신을 방해하는 것, 어려움이나 주저하고 있는 것일 수도 있다.

- 카드 4: 내담자의 강점 또는 장점.
- 카드 5: 가야 할 목표, 현재 상황에서 나아가야 할 길이 무엇인가를 알 수 있다.

〈예시〉 자기 자신을 알아봅시다

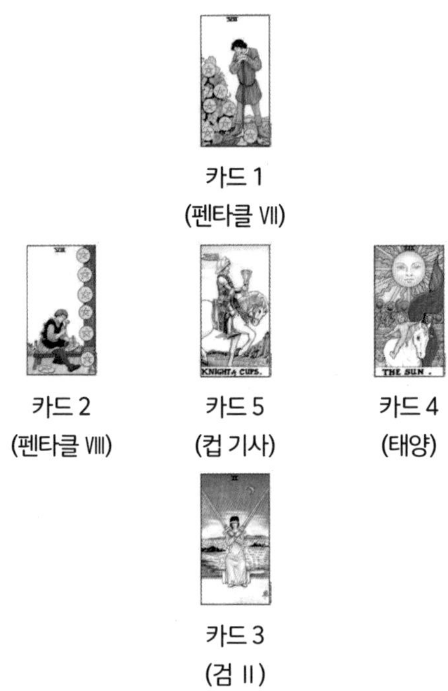

- 카드 1(내담자가 처해 있는 상황): 자기 성찰, 신념, 인내심 필요하다.
- 카드 2(해야 할 일): 자부심을 가지고 일을 열심히 해야 한다.
- 카드 3(어려움): 정신적으로 힘이 들고 갈등이 있다.
- 카드 4(강점): 긍정 에너지가 있어서 할 수 있다.
- 카드 5(목표): 기다리는 마음(때를 위해)으로 일을 하면 잘될 것이다.

⑨ 10장 뽑기(십자가 배열) 또는 12장 뽑기

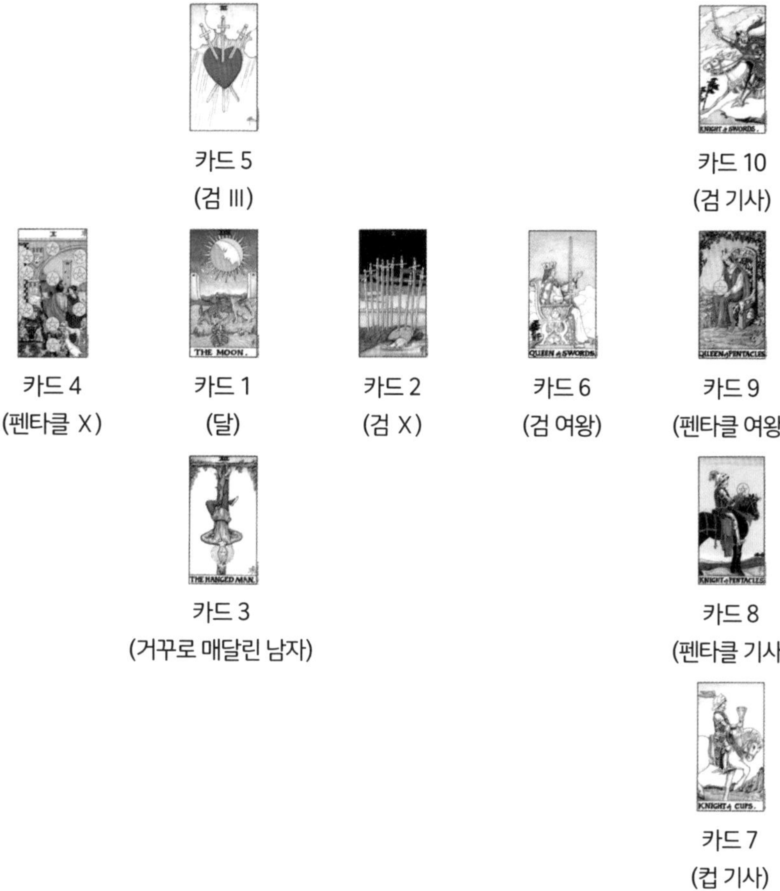

- 십자가 배열은 새해 운이나 1년 운, 전체 상황을 알고 싶을 때 많이 사용하는 배열이다.
- 카드를 펼치면서 주제를 정확히 한 후에 열 장 또는 열두 장을 고른다.
- 뽑은 카드를 순서대로 배열한다.

- 배열한 카드를 스토리텔링해 나간다.
- 카드 1(지금의 상황): 현재의 내적인 마음의 상태와 외적인 모든 상황을 나타낸다.
- 카드 2(도움 주는 힘, 방해하는 힘): 지금 상황 그대로를 반영하며, 방해하고 거역하는 영향력을 행사하는 사건이거나 인물이 될 수도 있다.
- 카드 3(무의식, 잠재된 영향력): 인생에서 과거의 일이나 옛날의 상황일 수 있다.
- 카드 4(가까운 과거-6개월 이내의 사건): 현재 이전의 일이나 사건일 수 있다.
- 카드 5(드러난 영향력, 의식): 눈앞에 닥칠 일이나 사건일 수 있다.
- 카드 6(미래): 앞으로 2개월 후 내담자에게 일어날 상황일 수 있다.
- 카드 7(자기 자신을 볼 수 있는 카드): 자신의 마음의 상태이며, 첫 번째 카드와 밀접한 관련이 있다. 내부적인 정신 상태를 강렬하게 반영한다.
- 카드 8(내담자에 대한 주위 환경, 다른 사람들의 평가): 주변 상황과 다른 사람들과의 대인관계 상황을 나타낸다.
- 카드 9: 나의 희망이나 두려움이다.

- 좋은 카드: 희망하는 문제일 수도 있다.
- 부정적인 카드: 마음속의 두려움이나 불안해하고 있는 것을 나타내기도 한다.

- 카드 10(최종 결과): 전체 카드의 해석은 통합하거나 총체적인 주제의 결과로서 가장 중요하다.

〈예시〉 올해의 운을 보고 싶어요.

12장을 카드 배열 순서대로 놓고 스토리텔링한다.

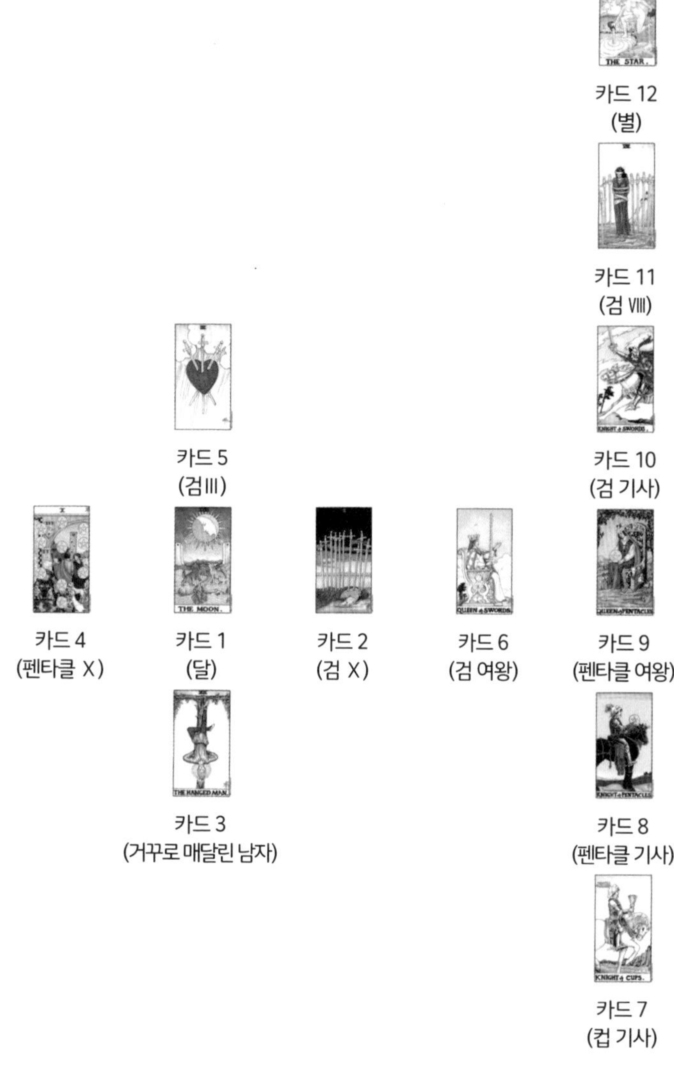

- 카드 1(달): 의심스런(매사 의문을 가져야 한다).
- 카드 2(검 X): 매우 심각한, 배신, 모함 조심해야 한다.
- 카드 3(거꾸로 매달린 남자 XⅡ): 정체되고 희생이 있었다.
- 카드 4(펜타클 X): 부유한, 화목하였다.
- 카드 5(검 Ⅲ): 고통, 상처, 손실이 따른다.
- 카드 6(검 여왕): 외로운 결정을 하고 고독하다.
- 카드 7(컵 기사): 변화, 생각 전환이 필요하다.
- 카드 8(펜타클 기사): 신중함이 있어야 한다.
- 카드 9(펜타클 여왕): 풍요로움이 있을 것이다.
- 카드 10(검 기사): 패기는 넘치나 경거망동 조심해야 한다.
- 카드 11(검 Ⅷ): 구속된, 행동 제한, 관재가 있을 수 있으니 조심해야 한다.
- 카드 12(별): 낙관적으로 생각하면 좋아질 것이다.

카드를 해석할 때는

- 전체를 먼저 보고 부분적인 것을 봐야 한다.
- 동일한 것이 우선이고, 개별적인 것은 덜 적용이 된다.
- 많은 것이 적은 것보다 더 강하게 지배한다.

- 예를 들어 세계 카드는 전체이고 여성은 부분적인 것이다.
- 펜타클이 2장이고 지팡이가 1장이면 펜타클 카드가 지팡이 카드보다 더 강하게 작용한다.

카드를 볼 때는

- 전체적인 느낌을 찾는 것이 중요하다.
- 메이저 아르카나 카드가 많이 나오면 영향력이 대단하다고 보아야 한다.
- 컵 카드가 많이 나오면 사랑이나 인간관계의 문제이다.
- 마이너 카드별로 많이 나오는 그 카드와 관련된 문제의 표현이다.
- 궁정 카드가 많이 나오면: 내담자에게 궁정 카드가 미치는 영향력이 크다는 것을 알 수가 있다.
- 카드를 고를 때 느리게 하는 내담자는 흙이나 물을 뜻하고, 빠르게 고르는 내담자는 불과 공기의 성향이라고 할 수 있다.

새해 운세를 많이 볼 때는 여러 가지의 배열로도 볼 수 있다.

- 한 장 뽑기: 1년 총운.
- 2장 뽑기: 전반기(1~6월), 후반기(7~12월).
- 3장 뽑기: 전반기(1~4월), 중간의 시기(5~8월), 후반기(9~12월).
- 4장 뽑기: 봄, 여름, 가을, 겨울.
- 12장 뽑기: 1~12월.

소통과 공감의 도구

타로의 숲 2

초판 1쇄 발행 2024년 11월 14일

지은이 이도경
펴낸이 이기봉
편집 좋은땅 편집팀
펴낸곳 도서출판 좋은땅
주소 서울특별시 마포구 양화로12길 26 지월드빌딩 (서교동 395-7)
전화 02)374-8616~7
팩스 02)374-8614
이메일 gworldbook@naver.com
홈페이지 www.g-world.co.kr

ISBN 979-11-388-3708-8 (03180)